ONLINE GELD VERDIENEN MIT

Affiliate Marketing

Wie du das Internet für dich arbeiten lässt

von Patrick Lehmann

Impressum

Hinweise für den Leser und Nutzer dieses Werkes

Alle Aussagen dieses Buches sind nach bestem Gewissen des Autors getroffen worden. Die Umsetzung der Ratschläge obliegt der alleinigen Verantwortung des Lesers. Es wird keinerlei Haftung seitens des Autors übernommen.

ISBN-13: 978-1502591722

Patrick Lehmann

Guineastraße 7

13351 Berlin

Deutschland

Coverdesign: Erandhi Piyadigamage (www.eclore-design.de)

Coverbild: © Andrei vishnyakov - Fotolia.com

Danksagung

Ein besonderer Dank gilt meinem Bruder Philipp, der mir bei der finalen Ausarbeitung mit Rat und Tat zur Seite gestanden hat. Viele hilfreiche Tipps und anregende Diskussionen haben das Buch in zahlreichen Punkten verständlicher und einsteigerfreundlicher gemacht.

Für das wunderschöne Cover bedanke ich mich herzlich bei Erandhi (Eclore-Design.de). Zudem stand sie mir ebenfalls stets mit Rat und Tat beiseite und hat mich stets motiviert, auch in schwierigen Phasen. Ohne sie wäre das Buch in dieser Komplexität nicht erschienen.

Inhaltsverzeichnis

Geld verdienen im Internet

Geld zu verdienen ist heutzutage auf unglaublich vielfältige und spannende Weise möglich. Durch die fortschreitende Entwicklung unserer Zivilisation entstehen stetig neue aussichtsreiche Geschäftsfelder. Daraus ergeben sich ungeahnte und kreative Möglichkeiten Geld zu verdienen. In den letzten Jahren bzw. Jahrzehnten hat die weitflächige Verbreitung des Internets reichlich neue Möglichkeiten entstehen lassen. Einige der bedeutendsten weltweiten Unternehmen sind reine Internetunternehmen bzw. erzielen den Großteil ihres Einkommens Online.

Nicht nur im großen Maßstab ergeben sich neue Verdienstmöglichkeiten. Auch der smarte Entrepreneur von heute kann sich ein gutes Einkommen mit Hilfe des Internets erwirtschaften. Durch die Erreichbarkeit rund um die Uhr und die weltweite Verbreitung sind der Fantasie für kreative neue Ideen kaum Grenzen gesetzt.

In diesem Buch zeige ich dir wie du das Internet für dich arbeiten lassen kannst und dir damit ein nachhaltiges Online-Business aufbaust. Geeignet ist der Ratgeber sowohl für den gewöhnlichen

Studenten, der chronisch Pleite ist und sich durch ein regelmäßiges Online-Einkommen seinen Lebensunterhalt finanziert, als auch für den angehenden Entrepreneur, der sein Leben durch die Einkünfte im Internet neu gestalten kann.

In einem Schritt-für-Schritt-Prozess zeige ich dir von Grund auf, wie du ein Online-Business aufbaust. Dabei benötigst du, bis auf die grundlegenden Internetkenntnisse wie Browser-Bedienung oder den Umgang mit einer Suchmaschine, keinerlei weitere Vorkenntnisse. Ich führe dich durch den gesamten Erstellungsprozess und erkläre dir, neben die wichtigen Basics, insbesondere die praktische Umsetzung.

An dieser Stelle möchte ich mich kurz vorstellen. Mein Name ist Patrick Lehmann und ich verdiene mein Geld zu einem Großteil über das Internet. Als Maschinenbauingenieur habe ich mich nach einer neuen Herausforderung und vor allem einem flexiblen Leben gesehnt. Selbstbestimmtes Arbeiten von überall auf der Welt sollte nicht länger eine Illusion sein. Ich belass mich viel zum Thema Online-Business und experimentierte in den verschiedensten, spannenden Bereichen. Ich habe mit der Zeit ein reines Online-Geschäft aufgebaut, das ohne viel Arbeit und Zeit zu investieren funktioniert und dabei heute noch eine Menge Spaß bereitet. Das hat es mir ermöglicht die Freiheiten zu genießen, die ich schon immer haben wollte. Dabei habe ich viel Know-how in den Bereichen Online-Handel mit Dropshipping, das Affiliate Marketing sowie der Erstellung eigener Produkte. Ich betreibe mittlerweile ca. 30 Webseiten zu den verschiedensten Themen und habe neben zwei digitalen Produkten auch physische Produktideen umgesetzt. Ich bin kein Millionär. Allerdings ermöglicht mir das Online-Business viele Freiheiten zu genießen, von denen ich früher nicht einmal zu träumen gewagt hätte. Und das Gute ist, auch du kannst es schaffen!

Erliege dabei jedoch nicht den klassischen Fehlern zu glauben mit Hilfe des Internets an das schnelle Geld zu gelangen. Auch hier ist harte Arbeit und viel Geduld notwendig, um nachhaltigen Erfolg zu haben. Doch ich versichere dir, dass sich zielstrebige und smarte Arbeit auszahlt. Das Resultat ist in ein nahezu passives Einkommen, das es dir ermöglicht ohne viel weiteres Zutun ein anständiges Einkommen zu erzielen.

Dabei versteht es sich von selbst, dass in diesem Buch nur legale und ehrliche Methoden vorgestellt werden, die für jeden deiner Käufer bzw. Besucher einen echten, praktischen Mehrwert bieten. Illegale und zwielichtige Geschäftsbereiche wirst du hier nicht finden. In dem Buch werden ausschließlich legale Themengebiete behandelt, die vor allem eines sind: nachhaltig und passiv. Ich bin davon überzeugt, dass dies zugleich der beste Weg ist, um dauerhaft Erfolg zu haben.

Neben dem schnellen Geld im Internet ist es ein weiterer häufiger Trugschluss zu glauben, durch das Internet wird es viel leichter sein Geld zu verdienen als in der „realen Welt". Dem ist leider nicht so. Jeder Online-Experte, der dir mit einer super geheimen Methode verspricht in kurzer Zeit und mit zwei Handschlägen unsagbar reich zu werden, getreu dem Motto über Nacht zum Millionär, kann getrost als Lügner abgestempelt werden. Hier steckt häufig nur eigenes Profitdenken dahinter. Am Ende sollst du meist irgendein Produkt kaufen, nur um dir dafür ein paar Euro aus der Tasche zu ziehen. In diesem Buch werde ich dir keine Versprechen von der Millionen über Nacht machen oder 10.000€ Tagesgewinn mit nur 2 Stunden Arbeit täglich. Nein, hier erfährst du, wie ein seriöses Online-Business aufgebaut wird. Aus eigener Erfahrung kann ich bestätigen, dass sich mit etwas Geduld und fleißiger Arbeit Online ein sehr gutes Einkommen erzielen lässt. Und das quasi von jedem Ort auf der Welt, zu jeder Zeit. Das Beste dabei ist: Je mehr Arbeit du investierst und je besser sich der Laden entwickelt, desto leichter wird es nach einiger Zeit. Es ist zwar schwierig in der Anfangsphase einen guten Gewinn zu erzielen, jedoch wird Gewinn nach einiger Zeit deutlich ansteigen. Von diesem Punkt wird es viel leichter einen noch größeren Gewinn zu erzielen. Oder anders formuliert: Aller Anfang ist zwar schwer, aber wenn es läuft, dann läuft es.

Aus tiefster Überzeugung will ich heute um nichts auf der Welt das Online-Business, gepaart mit seiner einzigartigen Flexibilität, missen. In dem Buch werde ich dir mein Wissen vermitteln, mit dem auch du in naher Zukunft deinen Träumen ein großes Stück näher kommen kannst. Es kommt dabei ganz auf deinen Willen und dein Durchhaltevermögen an. Du wirst einige Male auf die Probe gestellt werden und du wirst dich des Öfteren fragen, ob du dich auf dem richtigen Weg befindest. Doch nach einiger Zeit werden sich durch harte Arbeit die ersten Erfolge einstellen und die Zweifel verfliegen. Schließlich folgt eine unschätzbare Belohnung, für die es sich zu kämpfen lohnt: die finanzielle Freiheit. Ein eiserner Will und die Bereitschaft neues zu erlernen sind hierfür Grundvoraussetzung.

Ich wünsche dir viel Erfolg und vor allem eine Menge Spaß in dieser spannenden neuen Welt mit vielfältigen Möglichkeiten. In diesem Ratgeber zeige ich dir worauf es wirklich ankommt und wie du startest. Das Stichwort lautet nun „Starten“. Denn wie sagt man so schön: Gewinnen beginnt mit beginnen (Shakespeare).

Digitale Nomaden

Bevor wir uns ans Eingemachte wagen, stelle ich dir zur Motivation noch einige entscheidende Vorteile des digitalen Lifestyles vor. Neben dem finanziellen Aspekt bürgt das Geldverdienen im Internet einen wesentlichen Pluspunkt gegenüber den meisten klassischen Offline-Geschäften: Die Ortunabhängigkeit. Die Arbeit kann von nahezu jedem Ort auf der Erde erledigt werden. Voraussetzung ist lediglich eine halbwegs vernünftige Internetverbindung und natürlich Reiselust.

Menschen mit einem derartigen Lifestyle werden häufig als „digitale Nomaden“ bezeichnet. Sie arbeiten an den verschiedensten Orten dieser Welt. An den Stränden Thailands, in einem Motel an der Route 66 oder in der wunderschönen Natur von Kanada. Es wird an den außergewöhnlichsten Plätzen dieses Planeten gelebt und gearbeitet, ohne dabei auf ein vernünftiges Einkommen verzichten zu müssen.

Für diesen Lifestyle wird in aller Regel sogar relativ wenig Geld benötigt. Aufgrund der niedrigeren Lebensunterhaltungskosten in Ländern wie Thailand, Indien, China, Indonesien und einer Menge weiterer Länder kann bereits ein Bruchteil des Geldes ausreichen, welches wir in unseren hochentwickelten Industrieländern zum Leben benötigen. Das Teuerste ist häufig nur der Flug. Unterkünfte und Verpflegung gibt es bereits zu Schnäppchenpreisen, je nach Anspruch. Günstiges Reisen und dabei ein Geschäft von unterwegs zu führen ist heutzutage kein Traum mehr und leichter denn je, dem Internet sei Dank.

Solltest du noch über wenig finanzielle Rücklagen verfügen und dich gerade am Anfang der Online-Karriere befinden, empfehle ich dir zuerst ein stabiles und ausreichendes Einkommen aufzubauen.

Gerade auf Reisen können unerwartete Zwischenfälle auftreten, sodass beispielsweise der Flieger gen Heimat schon bereits am nächsten Tag genommen werden muss, obwohl dies eigentlich erst in 6 Monaten geplant ist. Unvorhergesehene Krankheiten oder sonstige Zwischenfälle in der Heimat können jederzeit unplanmäßig auftreten. Eine ausreichende finanzielle Absicherung ermöglicht mehr Spielraum in Planung und Organisation. Dadurch lebt es sich beispielsweise an den wunderschönen Stränden von Thailand erheblich entspannter. Lege dir also ein ausreichendes finanzielles Backup an. Das gilt sowohl für das Online-Business in den heimischen vier Wänden als auch in besonderem Maße für der Lifestyle des Weltentdeckers.

Auf dem Weg in die Weiten der Welt gibt es große Unterstützung und Hilfe im Internet. In jüngster Zeit haben sich in Deutschland bereits größere Communitys in diesem relativ neuen Trend gebildet. So gibt es zahlreiche digitale Nomaden, die ihre Erlebnisse auf Blogs oder in Foren teilen und dich dabei mit ihren Erfahrungen unterstützen können. Hier erhältst du wertvolle Informatioen zu deinem Wunschland wie lohnenswerte Reiseziele, günstige Flüge und Unterkünfte oder angesagte Party-Locations. Auch zu Tipps bei grundlegenden Aspekten wie Krankenversicherung, Kreditkarten, Internetverbindungen und vielem mehr wirst du hier fündig. Sollte dir der Lifestyle als Internetunternehmer mit Reiseambitionen gefallen, schau auf Travelicia[1] oder Planetbackpack[2] vorbei und werde ein Teil der Community.

Der Lifestyle eines digitalen Nomaden ist nicht für jeden geeignet. Viele Menschen bevorzugen ihr gewohntes Umfeld mit Freunde

---

[1] http://www.travelicia.de/

[2] http://www.planetbackpack.de/

und Familie, dem des Weltenbummlers. Das Gute ist, dass du jederzeit selbst entscheiden kannst wohin dich der Weg führt. Wenn du bis heute ein Familienmensch warst und plötzlich eine Veränderung wünscht, kannst du bereits morgen im nächsten Flieger nach Australien sitzen und einen neunen Lebensabschnitt beginnen. Dein Leben, deine Freiheit. Nutze sie heute und jetzt!

aktiv vs. passiv

Welcher ist ein wichtiger Schlüssel zu einem unabhängigen und freien Leben, sowohl finanziell als auch örtlich? Ohne Zweifel ermöglicht dir ein passives Einkommen ungeahnte Möglichkeiten. Doch der Reihe nach.

Es gibt mit Hilfe des Internets vielfältige Verdienstmöglichkeiten, die komplett oder zumindest zu einem Großteil von zu Hause ausgeführt werden können. Dabei unterteile ich die Welt des Geldverdienens im Internet in zwei grundlegende Kategorien: aktive - und passive Einnahmequellen. Doch was hat es damit auf sich? Fangen wir mit den aktiven Einnahmequellen an.

***Aktive Einnahmequellen:** Unter einer aktiven Einnahmequelle wird der einmalige direkte Erhalt von Geld gegen eine erbrachte Leistung verstanden. Beispiel in der Online-Welt sind hier die Ausführung einer Programmiertätigkeit, Gestaltung einer Website oder Übersetzung eines Buches. Nach getaner Arbeit erhältst du *einmalig* eine vorher *festgelegte Geldsumme*. Die Auftraggeber sind hierbei häufig Unternehmen. Passende Angebote findest du beispielsweise auf Freelancemap[3]. Allerdings erfordern die meisten dieser Jobs eine örtliche Präsenz im Unternehmen. Es gibt jedoch auch einige Angebote die mit etwas Verhandlungsgeschick von zu Hause ausgeführt werden können und somit in die Kategorie des Geldverdienens von überall eingeordnet werden können.

Nicht gerade selten entsteht bei guter Arbeit ein dauerhaftes Engagement und somit für dich eine verlässliche Einnahmequelle. Als wesentlicher Aspekt der aktiven Einnahmequellen ist der

---

[3] http://www.freelancermap.de/

schnelle Erhalt des Geldes zu nennen, sodass ein direktes 1:1 Feedback für eine erbrachte Leistung folgt. Dabei ist die Arbeit mit der eines klassischen Angestellten vergleichbar, wobei du als Selbstständiger deinen Preis festlegen und dir die Aufträge auswählen kannst, eine gute Qualität deiner Leistung sowie Wohlwollen der Unternehmen vorausgesetzt. Auch bei dem Ausüben von derartiger Arbeit gilt wie so häufig im Leben: aller Anfang ist schwer. So ist es meist der Fall, dass am Anfang nahezu jeder Auftrag zu einem sehr günstigen bzw. für dich wenig lukrativen Preis angenommen werden muss. Doch nach einiger Zeit, mit einem größeren Portfolio im Rücken, wird sich die Lage verbessern. Höhere Gewinne pro Auftrag und eine gute Ausbuchung sind dann möglich.

Nun habe ich dir einige Vor- und auch Nachteile der aktiven Einnahmequellen aufgezeigt. Der Hauptnachteil, der in dieser Aufzählung fehlt, ist die große Abhängigkeit von den Auftraggebern. Schließlich stehst du in keinem direkten Angestelltenverhältnis, sodass der Auftraggeber nach Beendigung des Auftrages ohne Konsequenzen das Geschäftsverhältnis kündigen kann. Dabei kommt es zudem nicht selten zu einer schlechten Zahlungsmoral sowie zu einem möglichen der Abbruch von Geschäftsbeziehungen nach vollendeter Arbeit. Ich weiß, dass viele Menschen, auch digitale Nomaden, auf diese Art des Geldverdienens setzen, sei aus der Not oder aus Überzeugung. Manch einer kann auch mit aktiven Einnahmequellen hervorragend und unabhängig leben, zu guten Gewinnen.

***passive Einnahmequellen:** Ich dagegen halte die passiven Einkommensmöglichkeit für wesentlich besser geeignet, um ein nachhaltiges Online-Business mit ungeahnter Freiheit aufzubauen. Der Hauptunterschied liegt in Art und Weise des Geldflusses. Passiv bedeutet in diesem Fall, dass du nach getaner Arbeit weiterhin Geld aus dem Produkt oder der Webseite beziehst. Als Beispiel sei die Erschaffung eines digitalen Produktes in Form von einem Videocoaching über das Klettern genannt. Sobald das Videocoaching fertiggestellt ist und in den Verkauf geht, erhältst du Geld – ohne weitere Arbeit an dem eigentlichen Produkt nochmals verrichten zu müssen. Das Videocoaching erwirtschaftet nun möglicherweise über Monate, Jahre oder vielleicht sogar Jahrzehnte einen anständigen Gewinn, ohne dabei erneute Arbeit in das Produkt investieren zu müssen. Der Hauptaufwand ist demnach eine einmalige Arbeit, die, je nach Idee, über einen langen Zeitraum exzellente Gewinne einbringen kann. Das funktioniert ebenfalls mit vielen weiteren passiven Einnahmequellen wie dem Affiliate Marketing, das ich dir in diesem Buch ausführlich vorstellen werde. In der Praxis gibt es allerdings so etwas wie einen unbegrenzten und vor allem über viele Jahre stabilen Geldfluss für eine einmalig erbrachte Leistung selten. In der Regel ist es häufig nötig ab und an erneut etwas Arbeit zu investieren, z.B. für Aktualisierungen oder Erweiterungen. Im Falle des Videocoachings wird beispielsweise ein Erweiterungspaket angeboten, mit dem neue Methoden vorgestellt werden, auf die bestehende Abonnenten bereits brennen. Dennoch sind derartige Pflegearbeiten vergleichsweise kurz, sodass der Arbeitsaufwand bei den passiven Einnahmequellen vergleichsweise überschaubar ist.

Vielleicht fragst du dich an dieser Stelle auch, ob und vor allem wie lukrativ ein passives Produkt bzw. Webseite sein kann. Bei einer aktiven Einnahmequelle ist der Lohn vorab leicht kalkulierbar. Hingegen ist bei passiven Einnahmequellen stets eine größere Vorleistung der Arbeit erforderlich, bevor der erste Gewinn erzielt werden kann. Aus diesem Grund ist gerade die Frage nach der Profitabilität von passiven Einnahmequellen ohne Zweifel wichtig, um Aufwand und Nutzen abzuwägen. Kaum jemand ist bereit Arbeit zu investieren, wenn nicht eine entsprechend hohe Gegenleistung in Aussicht steht. Die Herausforderung besteht darin abzuschätzen, wie viel Geld beispielsweise eine Webseite über einen definierten Zeitraum erzielen kann. Da es keine Grenzen in Bezug auf den maximalen Zeitraum als auch den Gewinn pro Monat gibt, lässt sich hierfür leider kaum eine pauschale Aussage treffen. Es ist allenfalls eine Abschätzung möglich, dazu im weiteren Verlauf noch genaueres. Generell ist an dieser Stelle ein Umdenken erforderlich, weg von den klassischen Arbeitsleistungen. Gib den passiven Einnahmequellen eine Chance sich zu entfalten und ihr volles Potential zu offenbaren. Der Hauptvorteil von passiven Einnahmequellen ist nun, dass du wesentlich mehr Geld verdienen *kannst* als es mit aktiven Einnahmequellen in aller Regel möglich ist, für einen *vergleichbaren* Zeitaufwand. Erzielt beispielsweise eine Website über Trekking-Rucksäcke pro Monat 200€ mittels Affiliate Marketing über einen Zeitraum von drei Jahren, so beträgt der Gesamtgewinn 7.200€. Hast du nun für die Erstellung der Webseite einen Monat Arbeit benötigt, so wäre das ein äußerst anständiger Stunden- bzw. Monatsverdienst. Klingt gut oder? Diese Zahlen sind dabei nicht weit hergeholt und sogar konservativ betrachtet. Die Website kann durchaus noch mehr Gewinn erzielen, bei gleichem Arbeitsaufwand. Mit gelegentlicher Pflege ist sogar ein weitaus längerer Gewinnzeitraum möglich. Derartige Stundenverdienste sind bei aktiven Einkommensquellen mit den allermeisten Jobs kaum zu erreichen.

***Zusammengefasst:** Zusammenfassend kann festgehalten werden, dass die aktiven Einkommensquellen eine höhere Abhängigkeit von einzelnen Personen mit sich zieht. Bei den passiven Einkommensquellen verteilt sich die Abhängigkeit auf erheblich mehr Schultern, sodass einzelne Ausreißer kaum ins Gewicht fallen.

Zudem kann der maximale Gewinn von passiven Produkten bzw. Webseiten, auf einen langen Zeitraum betrachtet, die aktiven Arbeiten um ein Vielfaches übersteigen. Die Zeit bis zum ersten Gewinn ist zugleich der Hauptnachteil passiver Einnahmequellen. Du benötigst einen langen Atem, um ein ausreichendes passives Einkommen zu erzielen. Plane mehrere Monate ein, um ein stabiles Business aufzubauen. Am Ende wird der Lohn ungleich viel höher sein und ermöglicht dir einen freien Lebensstil zu führen, den du vielleicht schon immer haben wolltest.

Du willst nun endlich wissen, wie man sich derartige Einkommensquellen aufbaut und brennst drauf endlich zu starten? Nach einem letzten vorbereitenden Kapitel über „Was du für den Start noch benötigst“ geht es auch schon mit dem Affiliate Marketing los.

Was du für den Start noch benötigst

Um Online professionell tätig zu werden, ist in aller Regel ein Gewerbe Voraussetzung. Solltest du noch kein Gewerbe angemeldet haben bzw. Erfahrung mit der Selbstständigkeit gesammelt haben, empfehle ich die Tipps in diesem Kapitel zu beherzigen. Andernfalls springe direkt zum nächsten Kapitel „Affiliate Marketing".

Suche zunächst ein örtliches Bürgeramt auf und melde ein Gewerbe an. Das ist schon für weniger als einmalig 30€ Anmeldegebühr möglich. Anfangs reicht es sich als Einzelunternehmen zu registrieren. Dieses meldest du als Neben- oder Hauptgewerbe, je nachdem ob du derzeit noch in einem anderweitigen festen Arbeitsverhältnis gebunden bist.

***Kleinunternehmer:** Lasse dich für den Anfang als Kleinunternehmer einstufen. Du fällst in die Riege der Kleinunternehmer solange der Umsatz 17.500€ im ersten Jahr und 50.000€ im zweiten Jahr nicht übersteigt. Damit brauchst du zum einen nur eine vereinfachen Buchführung auszuüben, mittels einer simplen Einnahmen-Überschuss-Rechnung. Hier stellst du lediglich deine Einnahme und Ausgaben gegenüber, woraus schließlich der Gewinn ermittelt wird. Dieses Vorgehen macht die jährliche Steuerklärung äußerst einfach. Der zweite Vorteil ist aus finanzieller Sicht noch viel bedeutender. Zum anderen hast du als Kleinunternehmer *anfangs* die Möglichkeit zu entscheiden, ob du Mehrwertsteuer bzw. Umsatzsteuer zahlen willst. Ganz richtig, du kannst tatsächlich 19% bzw. in einigen wenigen Fällen 7% auf deine verkauften Leistungen bzw. Produkte sparen.

Hinweis: Es sei an dieser Stelle erwähnt, dass in diesem Fall unbedingt auf jede von dir ausgestellte Rechnung stets der Hinweis ausgeführt werden muss, dass die Kleinunternehmer bei dir zum Tragen kommt und du von der Umsatzsteuer befreit bist.

Falls du es dir, aus welchen Gründen auch immer, anders überlegst, kannst du jederzeit zur Umsatzsteuerzahlung wechseln. Jedoch gibt es dann vorerst kein Zurück zur Umsatzsteuerbefreiung. Für den Anfang deiner Online-Karriere empfehle ich Kleinunternehmer-Regelung in jedem Fall zu nutzen. Mehr Netto-Gewinn ist die Folge.

***Lasse dir einen Gewerbeschein ausstellen:** Zur Ausstellung des Gewerbescheins brauchst du lediglich eine Seite mit einigen allgemeinen Informationen ausfüllen. Überlege dir vorab, welche Tätigkeiten du neben dem Affiliate Marketing wohlmöglich noch ausüben willst. Ist es das Betreiben von Blogs, der Verkauf bzw. Handel oder beispielsweise die Entwicklung von Software? Wenn du dir noch nicht sicher bist, reicht an dieser Stelle erstmal ein allgemeiner Begriff wie Internet-Marketing. Es ist dir möglich später ergänzende Angaben zur Tätigkeit zu machen. Nachdem der Gewerbeschein erteilt wurde, wirst du automatisch Post von Finanzamt erhalten. Hier wird dir deine Steuernummer mitgeteilt sowie deine Umsatzsteueridentifikationsnummer, solltest du dich für die Zahlung der Umsatzsteuer entschieden haben (wovon ich für den Anfang abrate).

Was ist für den Start meines Online-Business noch sinnvoll?

***Geschäftskonto:** Ist der Gewerbeschein erteilt, empfiehlt es sich ein Geschäftskonto einzurichten. Die gewerblichen Einnahmen können dadurch sauber von deinem privaten Konto getrennt werden. Empfehlen kann ich die Postbank mit sehr guten Konditionen für Einsteiger. Hier habe ich bisher durchwegs positive Erfahrungen gemacht. Es gibt allerdings auch einige weitere gute Banken für Geschäftskunden, die es sich lohnt in Betracht zu ziehen.

Wenn es um das Geschäftskonto geht, ist es nur wichtig möglichst *frühzeitig* eine Entscheidung für eine Bank zu treffen und dementsprechend zu handeln. Es kann durchaus einige Wochen dauern, bis das Konto eingerichtet ist. Nichts ist ärgerlicher als in den Startlöchern zu sitzen und auf die Zugangsdaten zum Konto warten zu müssen. Führe den Schritt zur Konto-Eröffnung also direkt im Anschluss an die Gewerbeanmeldung aus, um schnellstmöglich mit den ersten geschäftlichen Aktivitäten beginnen zu können.

***Buchhaltung und Steuererklärung:** Neben der formalen Anmeldung eines Gewerbes und dem Einrichten eines Geschäftskontos ist von Anfang an eine ordentliche Buchführung ratsam. Das heißt für dich als Kleinunternehmer die Rechnungen sowohl für Einnahmen- als auch Ausgaben in je einem Ordner abzuheften. Das erspart dir bei der jährlichen Steuerklärung eine Menge Arbeit und Zeit. Zudem ist es sinnvoll einen weiteren Ordner mit allgemeinen Unterlagen wie Kontodetails, Gewerbeunterlagen, Accounts und so weiter zu führen.

Die Zusammenführung der Rechnungen für die jährliche Steuerklärung kann von einem Steuerberater übernommen werden. Für den Anfang empfehle ich jedoch ein Steuer-/Buchhaltungsprogramm um die Kosten stets so gering wie möglich zu halten. Auch ich habe im ersten Jahr meine Steuerklärung und Buchführung mit einer Software selbst erstellt. Du brauchst hier kein Steuerprofi sein oder dich mit der Thematik auskennen. Es gibt unzählige Programme auf dem Markt, die durch den Prozess Schritt für Schritt führen. Dabei habe ich ausgezeichnete Erfahrungen mit der Steuersparerklärung[4] gemacht und kann sie dir nur weiterempfehlen.

***Fazit:** Du siehst mit wenigen Schritten kann selbst in Deutschland innerhalb kürzester Zeit mit der Selbstständigkeit auf einfache Weise gestartet werden. Im Laufe der Zeit wirst du noch einige Feinheiten lernen, jedoch reichen diese Schritte für den Start vollkommen aus. Du kannst dich somit schnell auf das Wesentliche konzentrieren: dem Aufbau eines profitablen Online-Geschäfts.

[4] https://www.steuertipps.de/shop/software/steuer-spar-erklaerung

Affiliate Marketing

Das Themengebiet schlecht hin wenn es um das Geldverdienen im Internet geht, ist ohne Zweifel Affiliate Marketing. Die Möglichkeiten sind schier endlos ebenso wie der mögliche Verdienst. Doch von Anfang.

Was ist Affiliate Marketing?

Kurz und knapp ausgedrückt erhältst du mit Hilfe des Affiliate Marketing eine *Provision* für eine *bestimmte* Aktion – Empfehlungsmarketing genannt. Die bestimmte Aktion ist dabei häufig der Verkauf eines Produktes. Aber auch eine simple Anfrage in einem Kontaktformular, beispielsweise in Form von Informationen für eine Reiseversicherung, kann Affiliate Marketing sein. Somit gibt es ohne Zweifel unzählige Möglichkeiten, um mit Empfehlungen für Produkte - welcher Art auch immer - einen Gewinn zu erzielen. Doch der Reihe nach. Klären wir zuerst, wie der genaue Ablauf zur Provision aussieht.

***Schema Affiliate Marketing:** Dazu ein Beispiel. Wir werben auf einer Seite für Trekking-Rucksäcke, ohne diese Produkte selbst zu verkaufen oder gar zu besitzen. Der Clou ist es nun mit einem Link, dem sogenannten Affiliate-Link, auf eine *andere* Website zu verweisen, die diesen Trekking-Rucksack tatsächlich zum Verkauf anbietet. Nachdem der Kunde die Ware dort bestellt hat, erhalten wir eine Provision. Diese kann stark variieren und liegt für physische Produkte häufig bei mindestens 4%. Auch 15% Provision sind durchaus realistisch, je nach Themengebiet. Zusammengefasst lässt sich nun also behaupten, dass die Hauptaufgabe des Affiliate Marketings in der Werbung für Produkte bzw. Dienstleistungen von Drittunternehmen liegt. Die folgende Abbildung veranschaulicht dir den Prozessablauf.

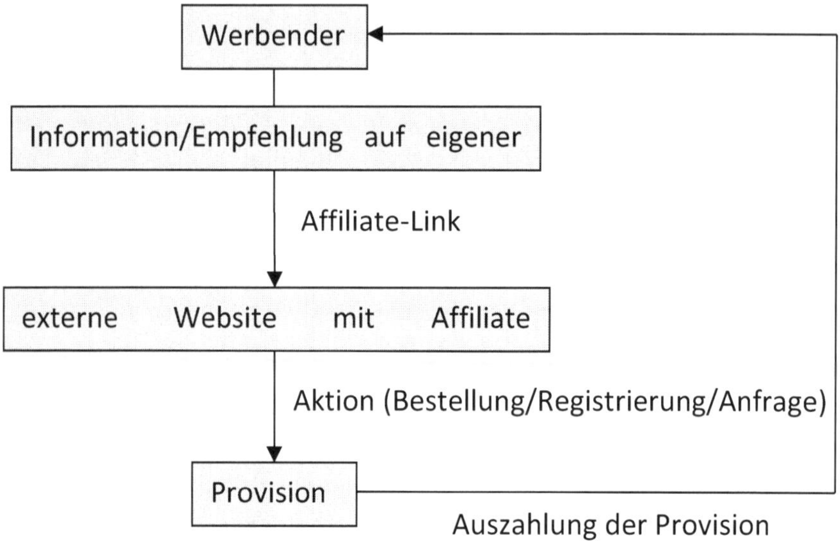

Du gehst demnach mit einem externen Unternehmen, das die entsprechende Dienstleistung bzw. das Produkt tatsächlich anbietet, eine Partnerschaft ein. Aus diesem Grund wird das Anbieten von Affiliate Marketing auf Unternehmensseite häufig als „Partnerprogramm“ bezeichnet. Du fungierst dabei sozusagen als Verkäufer bzw. Zwischenhändler für ihre Produkte.

***Vorteile gegenüber klassischen Provisionen:** Das Affiliate Marketing ist ohne Zweifel kein neuer Hut und ist in ähnlicher Form schon seit Ewigkeiten bekannt. In der klassischen Offline-Welt sind es Vertreter, die von Tür zu Tür gehen und Versicherungen, Staubsauger, Tupperware und so weiter verkaufen. Diese bewerben ebenfalls Produkte auf deren Verkauf sie anschließend eine Provision erhalten. Das gleiche Prinzip wurde nun mit Hilfe des Internets in die Online-Welt übertragen. Ein wesentlicher Vorteil in der Online-Vermarktung liegt in der erheblich einfacheren Erreichbarkeit einer riesigen Menschanzahl. Zur gleichen Zeit kann ein Produkt an Tausende Menschen verkauft werden, immer und überall. Zudem ist kein wiederkehrender und damit vergleichsweise zeitaufwändiger Kundenkontakt erforderlich. Verkaufsinformationen, die immer wieder von A bis Z vorgekaut werden müssen, gehören damit endgültig der Vergangenheit an. Beim Affiliate Marketing muss beispielsweise nur einmalig eine Website zu einem profitablen Thema erstellt. Anschließend erzielt die Webseite fortlaufend Gewinne – komplett passiv. So der Grundgedanke. Doch ganz so einfach ist es in der Praxis dann doch nicht. Auch in der Online-Welt muss zu Beginn viel Arbeit und Mühe investiert werden, um einen guten und dauerhaften Erfolg zu erzielen. Der Aufwand lohnt sich jedoch und sichert dir, wenn du es richtig machst, über viele Jahre eine lukrative passive Einkommensquelle. Ich zeige dir nun im Folgenden wie du eine passive Webseite Schritt für Schritt aufbaust, die wirklich profitabel ist.

Schritt für Schritt zur profitablen Nischenseite

Es gibt vielfältige Möglichkeiten mit Affiliate Marketing ein gut Business aufzubauen. Eine wunderbare Variante ist das Betreiben von Webseiten zu klar definierten Themengebieten, den sogenannten Nischenthemen. Doch wie funktioniert der Aufbau derartiger Webseiten, sodass auch über einen langen Zeitraum stabile Gewinne erzeugt werden?

Um diese Frage zu klären, fangen wir von null an. Das Ziel ist eine Webseite zu einem speziellen Themengebiet aufzubauen. Der Trick heutzutage ist eine stark fokussierte Zielgruppe zu erreichen, die exakt nach deiner Problemlösung sucht. Webseite mit einer derartigen Ausrichtung nennen wir Nischenwebseite. Mit Hilfe dieser Webseite gibt es nun vielfältige Möglichkeiten einen Gewinn zu erzielen. In dem Buch behandeln wir das sehr gut funktionierende Affiliate Marketing, das herausragende Gewinne ermöglichen kann.

Es gibt unzählige Möglichkeiten Affiliate Marketing auf einer Webseite einzusetzen. Welche ist nun die vielversprechendste Variante?

Affiliate Marketing funktioniert nach meinen Erfahrungen besonders gut über das sogenannte *Content Marketing*. Das bedeutet nichts anderes als, dass *wertvolle* - also hilfreiche - Informationen für den Leser bereitgestellt werden. In den Texten bringst du dabei deine Affiliate Links unter. Haben dem Leser die Informationen gefallen oder – anders formuliert - geholfen, ist er häufig geneigt anschließend einen Kauf über deinen Affiliate-Link zu tätigen. Hilfreiche Informationen sind demnach das Zugpferd, um möglichst viele Leser von deinen Produkten zu überzeugen.

Aus diesem Grund kommt den Informationen auf deiner Webseite eine herausragende Bedeutung zu. Diese können beispielsweise in Form von Testberichten, Vergleichen oder Erklärungen zu Funktionsweisen erstellt werden. Auch allgemeine Tipps und Wissenswertes rund um dein Themengebiet funktionieren als Ergänzung sehr gut. Wie der Inhalt genau umgesetzt wird, erfährst du in Schritt #3.

Vielleicht fragst du dich, ob die sich umfangreiche Arbeit für das Erstellen hilfreicher Texte am Ende auch auszahlt. Dazu ein ganz klares ja! Die mögliche Gewinn kann sind immens sein. Meiner Erfahrung nach kann eine einzige Nischenseite einen Gewinn zwischen 150€ und 1000€ generieren, wobei es kaum eine Grenze nach oben gibt. Selbst für einen Einsteiger ist ein Gewinn zwischen 150€ und 300€ pro Monat realistisch. In diesem Rahmen bewegen sich meine ersten Nischenseiten, noch einige Jahre nach der Erstellung.

Welche Voraussetzungen sind für den Aufbau einer nachhaltigen Nischenseite entscheidend?

An erster Stelle steht eine gute Idee. Solltest du noch keinen Schimmer haben, wie eine gute Idee aussieht, kann ich dich beruhigen. Es gibt unzählige Ideen da draußen, die nur darauf warten endlich umgesetzt zu werden. Zudem zeige ich dir in Schritt #1, wo du suchen musst, um an gute Ideen zu gelangen. Es ist einfacher als du denkst. Auch wie du dabei die guten von schlechten Ideen unterscheidest, zeige ich dir im weiteren Verlauf (Schritt #1 und #2). Dabei ist neben der eigentlichen Idee auch die *richtige Prüfung der Idee* und auch schließlich deren *Umsetzung* ein sehr wichtiger Aspekt für eine erfolgreiche Nischenseite. In diesen Punkten verschenken viele Betreiber von Nischenseiten eine Menge Potential und damit Gewinn. Wie du sicherstellen kannst, dass deine Idee wirklich gut ist und wie das Maximum aus dem Thema herausgeholt werden kann, zeige ich dir in Schritt #2.

Ich will dir an dieser Stelle nichts vormachen. Der Weg zur ersten Nischenseite ist kein einfacher und wird am Anfang viel harte Arbeit sowie Lernbereitschaft erfordern. Sobald du die erste Nischenseite erstellt hast, gehen jedoch die Folgenden viel einfacher und schneller von der Hand. Hier gilt es sich anfangs durchzukämpfen und all die Techniken sowie Vorgehensweisen, die ich dir beibringen werde, akribisch genau anzuwenden. Der Lohn wird eine Webseite sein, die für dich über lange Zeit einen guten Gewinn einfährt und das ohne viel weitere Arbeit hineinstecken zu müssen. Dabei wirst du dir eine Menge Wissen und Erfahrung aneignen, um so ein großartiges Portfolio von weiteren Nischenseiten aufbauen zu können.

Wie du nun im Detail vorgehst, um eine profitable Nischenseite aufzubauen, zeige ich dir Schritt für Schritt in den folgenden Kapiteln. Wir beginnen mit der Vorbereitung, dem Fundament für deine Nischenseite: der Nischenfindung.

SCHRITT #1 – Wie du eine profitable Nische findest

Einer der wichtigsten Schritte ist es vorab herauszufinden, ob die gewählte Nische profitabel sein kann. Schließlich stellt ein guter Gewinn das herausragende Ziel einer jeden Unternehmung dar. Dabei ist wichtig vorab abzuschätzen, ob sich der Arbeitsaufwand am Ende wirklich auszahlen wird. Als erstes stellt sich dafür eine einfache Frage, sofern du bereits eine Idee hast:

Ist meine Idee wirklich gut?

Dazu gilt es die Idee richtig einzuordnen bzw. auszuwählen. Heutzutage ist Spezialisierung einer der wichtigsten Schlüssel um in den meisten Branchen erfolgreich zu sein. Im Online-Business haben es demnach Nischenwebseiten erheblich einfacher sich gegen größere und breiter aufgestellte Webseiten durchzusetzen. Exakt diesen Umstand nutzen wir und erschaffen eine Lösung für Besucher mit speziellen Problemen. Frage dich dazu nun, ob deine

Idee auf eine spezielle Zielgruppe ausgerichtet ist, um den ersten Eckpfeiler einer guten Idee zu errichten.

Spezialisierung – ein Schlüssel zum Erfolg

Wähle Produkte aus, die einer klar abgegrenzten Kategorie zugeordnet werden können. Je spezieller das Thema ist, umso wahrscheinlich wird deine Webseite erfolgreich sein.

Lass mich dir ein Beispiel geben. Eine Webseite zu dem Thema „Proteinpulver“ ist sinnvoller als das gesamte Spektrum von Nahrungsergänzungsmittel zu behandeln. Die Leute suchen nach Spezialprodukten. Deine Nischenseite liefert nun hierfür die passende Antwort. Das heißt allerdings keinesfalls, dass du dich ausschließlich auf spezielle Produkte festlegen sollst. Vielmehr ist der Trick eine Webseite für eine *definierte Zielgruppe* zu erschaffen. Wer wird auf deine Webseite aufrufen? Richtet sich deine Webseite beispielsweise an Sportler die Muskeln aufbauen wollen, können alle möglichen weitere Produkte rund um das Thema sinnvoll. Biete hier also beispielsweise Proteinpulvern, Mass-Gainern und Kreatin als Lösung an. Diese Produkte helfen bei dem Erreichen der Wünsche deiner Zielgruppe, nämlich Muskeln aufzubauen. Denke also in Zielgruppen. Was wird für deine Zielgruppe noch von Interesse sein, um ihre Ziele zu erreichen? Solltest du dir nicht sicher sein, so bleibe nur bei einem speziellen Produkt, wie in dem Beispiel Proteinpulver. Mit etwas mehr Erfahrung kannst du deine Webseite auch später weiter ausbauen und passende Produkte ergänzen.

Das schließt nun ebenfalls ein, dass es ebenfalls möglich ist, eine Nischenseite nur zu einem einzigen Hersteller zu erstellen. Die Zielgruppe ist in diesem Spezialfall weniger problemorientiert.

Stattdessen ist die Zielgruppe von einem einzigen Hersteller vollends überzeugt und wünscht sich ausschließlich von diesem Produktlösungen. Hier kann damit ein großes Produktspektrum behandelt werden, solange jedoch nur ein *spezielles Themengebiet* abgehandelt wird. Vielleicht dreht sich deine Nischenwebseite ausschließlich um Weber-Grills, anstatt alle möglichen Grills zu beinhalten. Der Trick ist es in diesem Fall nicht nur Weber-Grills zu behandeln, sondern noch weiteres Weber-Grillzubehör wie Grillzangen, Bücher Handschuhe und so weiter zu ergänzen. Du siehst es geht in diesem Fall darum die Zielgruppe der Weber-Fans anzusprechen, indem eine spezielle Webseite zu dem Hersteller erschaffen wird.

Du weißt nun, dass dein Thema auf eine spezielle Zielgruppe ausgerichtet werden soll oder zumindest eine klar definierte Produktkategorie verwendet wird. Durch Spezialisierung setzt du dich schnell gegen Konkurrenzwebseiten durch und erschaffst zudem viel Vertrauen bei deinen Besuchern. Dabei ist jedoch nicht jedes Nischenthema automatisch auch profitabel.

Wie finde ich nun heraus, ob mein Thema profitabel sein kann?

***profitable Nischen finden**: Nun eine allgemeingültige Antwort gibt es leider nicht. Auch eine Zauberformel mit der du am Ende exakt die eine Super-Nische erhältst, gibt es ebenfalls nicht. Viel mehr sind es *mehrere* Aspekte, die auf eine profitable Nische hindeuten.

Im Folgenden zeige ich dir fünf Punkte, die - neben der Spezialisierung - auf ein gutes Nischenthema hindeuten. Dabei müssen keinesfalls alle Punkte erfüllt werden. Prüfe, ob du so viele Punkte wie möglich auf dein Nischenthema anwenden kannst - je mehr, desto besser.

1. Kaufinteresse des Besuchers: Der wohl wichtigste Aspekt um eine Nische zu bewerten ist ein vorhandenes Kaufinteresse seitens des Suchenden. Überlege dir dazu, in welcher Phase sich der Suchende gerade befindet. Sucht dieser nach allgemeinen Informationen zu einer Produktkategorie? Vielleicht schaut er sich erst einmal, welche Produkte es überhaupt gibt. Oder will er lediglich eine Problemlösung zu einem bereits gekauften Produkt? Diese informative Phase ohne Kaufinteresse ist nicht interessant für eine gute Nische. Du willst Besucher die kurz vor dem Kaufabschluss stehen und lediglich eine finale Entscheidung treffen wollen. Deine Nischenseite ist dabei sozusagen das Zünglein an der Waage.

Ideale Besucher stellen sich beispielsweise die folgende Frage: Welches Produkt ist das Beste für mein Budget? Dabei sind Vergleiche, Vor- sowie Nachteile und Tests der potenziellen Produkte von Interesse. Kunden sind in dieser Phase bereit Geld auszugeben. Das wiederum führt bei einem erfolgreichen Kauf über deinen Affiliate schließlich zu einer Provision. Lass mich dir dazu ein Beispiel geben.

Ich wähle das Hobby „Bogenschießen“ als Nische. Sind die Besucher lediglich auf der Suche nach Informationen zum Bogenschießen zum richtigen Ausführen der Bogenschieß-Technik oder Vereinen in der näheren Umgebung? Diese Suchanfragen bzw. Fragestellungen sind wenig interessant für eine Affiliate-Webseite. Das wir uns nicht falsch verstehen, zweifelsohne lässt sich auch mit derartigen Suchen Geld verdienen, beispielsweise mit dem Einblenden von Werbung. Allerdings sind für Techniken abseits des Affiliate Marketings häufig vergleichsweise viele Besucher erforderlich, um einen signifikanten Gewinn zu erzielen.

Hinweis: Das Einbauen von rein informativen Artikel, also Informationen ohne Kaufabsicht, ist durchaus auch auf einer

Affiliate-Webseite sinnvoll. Damit wird die Webseite mit mehr Inhalt gefüllt, was sich häufig positiv auf das Ranking in der Suchmaschine auswirkt. Zudem schaffen solche Informationen Vertrauen beim Besucher und zeigen, dass ein Experte diese Webseite erschaffen hat. Lass derartige Artikel allerdings nur einen kleinen Anteil von weniger als 30% an dem Gesamtinhalt der Webseite haben.

Der Hauptanteil des Inhalts muss auf eine klare Verkaufsabsicht zielen. Für das Bogenschieß-Beispiel bedeutet das nun, dass der Inhalt auf Besucher ausgerichtet wird, die sich beispielsweise bereits einen Verein ausgesucht haben und nun nach einem guten Bogen samt Zubehör suchen. Diesen wollen die Besucher am besten *jetzt* kaufen. Ist der Besucher auch in deiner Nische in einer derartigen Phase: Bingo! Bewerte also dahingehend dein potentielles Nischenthema. Wird der Besucher wahrscheinlich einen Kauf tätigen, am besten jetzt bzw. nach dem Lesen deiner Webseite? Je weiter fortgeschritten der Besucher im Kaufprozess ist, umso größer wird der finanzielle Erfolg deiner Webseite. Mehr zu Erstellung des passenden Inhalts gibt es im Schritt #3. Bewerte an dieser Stelle lediglich, ob Besucher deiner Nischenseite kurz vor dem Verkaufsabschluss stehen.

2. ausreichendes Budget: Neben einem möglichst hohen Kaufinteresse ist das durchschnittliche Budget deines Besuchers für das Einschätzen deines Nischenthemas wichtig. Hat der Besucher viel Geld in der Hinterhand, wird er eher bereit sein einen Kauf zu tätigen. Vor allem teurere Produkte die viel prozentuale Provision ermöglichen, sind mit einer gut bemittelten Zielgruppe sinnvoll. Sparfüchse wollen wir hingegen als Zielgruppe für eine gute Nischenseite ausschließen.

Um das durchschnittliche Budget abschätzen zu können, nutzen wir das durchschnittliche Alter der Zielgruppe als Indikator. Nun ist es so, dass die meisten Menschen ab 30 bis hinein ins hohe Alter in alle Regel mehr Geld zur Verfügung haben. Die jüngere Generation hat im Schnitt weniger Geld zum Ausgeben zur Verfügung, weshalb die Kaufbereitschaft hier vergleichsweise gering ist. Nichts desto trotz können auch Nischenseiten für die jüngere Generation einen durchaus guten Gewinn erwirtschaften. Ich empfehle allerdings für die erste Nischenseite auf die Gruppen mit mehr finanziellen Mitteln abzuzielen.

Hinweis: Ein zu alter durchschnittlicher Besucher ist hingegen ebenfalls wie die Jüngeren nicht wünschenswert. Das rührt daher, das die ältere Generation ohne Internet und PC aufgewachsen ist und sich häufig auch heute noch mit „moderneren" Themen wie Online-Shopping und dergleichen schwer tut. Vielleicht kennst auch du das aus deiner näheren Umgebung. Zwar gibt es bereits einige ältere Menschen, die gerne und viel Online unterwegs sind. Ausnahmen bestätigen die Regel. Doch es ist noch eine Minderheit, im Vergleich mit der jüngeren Internet-Generation. Es wird noch einiges an Zeit vergehen bis die internetaffine Generation herangewachsen ist und zum alten Eisen gehört, sodass auch Zielgruppen mit einem höheren Alter für deine Nischenseite attraktiv sein können. Als oberste Altersgrenze für den durchschnittlichen Besucher empfehle ich dir maximal 60 Jahre anzupeilen.

Die deale Zielgruppe mit ausreichend Geld bewegt sich, stand heute, zwischen 30 und 60 Jahren. Prüfe, ob dein Nischenthema diese Altersgruppe anspricht. Vielleicht ist ein artverwandtes Thema passender für die bemittelte Zielgruppe.

3. optimale durchschnittliche Produktpreis: Ein weiter wichtiger Punkt ist der durchschnittliche Verkaufspreis. Ich bin ein Fan von mittelpreisigen und hochpreisigen Produkten. Aufgrund der - in den meisten Fällen - prozentualen Provision der Partnerprogramme ermöglicht ein hoher Verkaufspreis einen hohen Gewinn pro Produktverkauf.

Werden über deine Affiliate-Links beispielsweise fünf Fahrräder pro Monat zu einem Wert von durchschnittlich 700€ verkauft, liegt der Gesamtverkaufspreis bei 3500€. Bei einer Provision von 5% ergibt das für dich einen Gewinn von 185€, und das mit nur fünf Fahrrädern. Behandelst du hingegen das Thema Fahrradschlösser, sind bei einem durchschnittlichen Verkaufspreis von 35€ pro Artikel 20 Mal mehr Verkäufe für den gleichen Gewinn erforderlich – also 100 Verkäufe insgesamt. Dementsprechend müssten bei vielen tiefpreisigen Produkten häufig sehr viele Besucher auf die Webseite gelangen, um am Ende einen signifikanten Gewinn zu ermöglichen, selbst wenn bei den Schlössern beispielsweise die Verkaufsrate zwei Mal höher ist als bei den Fahrrädern.

Der Nachteil von hochpreisigen Produkten ist, dass der Besucher häufig Informationen erwartet, die umfangreicher und detaillierter sind. Dieser möchte, gerade wenn er viel Geld ausgibt, über alle Vor- und Nachteile bzw. Eigenschaften des Produktes im Bilde sein. Schließlich wollen die Allermeisten gut informiert sein, bevor 700€ den Besitzer endgültig wechseln.

Ich empfehle als Untergrenze für den durchschnittlichen Produktpreis mindestens 50€, besser 100€. Meine besten Webseiten behandeln Themen mit Produkten, die einen Kaufpreis zwischen 100€ und 400€ haben. Allerdings kannst du auch deutlich teurere Produkte bewerben, solange die Informationsdichte entsprechend ansteigt. Es gibt also keine preisliche Obergrenze, lediglich eine empfohlene Untergrenze für ein gutes Nischenthema.

4. Zeitlose Produkte: Ein wesentliches Ziel deiner Webseite ist langfristig, also über viele Jahre, möglichst konstante Gewinne zu erwirtschaften. Der Pflegeaufwand soll dabei gering sein, sodass du dich nach der Erstellung schnell neuen Herausforderungen widmen kannst. Der Trick um langfristig eine Nischenseite ohne viel Pflegeaufwand zu betreiben ist, ein möglichst zeitloses Thema zu wählen.

So könntest du beispielweise eine Nischenseite zum Thema Bürostühle erstellen. Ohne Zweifel wird es auch hier neue Modelle geben, doch sind die Produktzyklen in aller Regel langfristiger Natur. Zudem legen hier viele Käufer häufig keinen Wert auf das allerneuste Modell, da es bereits vor 10 Jahren erstklassige ergonomische Stühle gab, die auch noch heute ihren Zweck vollends erfüllen.

Hingegen erfordern Themen mit kurzen Produktzyklen und schnell alternder Technik viele neue Artikel und damit einen hohen Pflegeaufwand für eine Nischenseite. Beispiele für kurzlebige Produkte sind Smartphones, Smartwatches, PCs, Notebooks oder Smart-TVs. Derartige Produkte unterliegen einem harten Konkurrenzkampf. Die Kunden wollen in diesen Märkten häufig das aktuellste und beste Modell kaufen. Somit muss eine Nischenwebseite für diese Produkte stets aktuell gehalten werden, was jedoch im Widerspruch zu einem passiven Business steht.

Wähle demnach ein nahezu zeitloses Thema. Halte dadurch den Pflegeaufwand niedrig und erziele somit einen konstanten Gewinn über viele Jahre hinweg.

5. Interesse nutzen: Nicht unbedingt notwendig, doch für den Erfolg einer Nischenseite ebenfalls wichtig, ist die persönliche Bindung zu dem gewählten Thema, gerade bei der ersten Nischenseite.

Die Fachkenntnis auf dem Themengebiet ist allerdings keine zwingende Voraussetzung für die Wahl des Themas. Es bedeutet häufig allerdings mehr Arbeitsaufwand eine Webseite zu einem unbekannten Thema aus dem Boden zu stampfen. Dabei wirst du einiges an Recherche-Arbeit und Wissensaufbau investieren müssen, um sicher auf dem neuen Themengebiet zu werden.

Sich bereits auf dem erwählten Themengebiet auskennen, macht es häufig viel leichter ansprechende Inhalte zu erzeugen. Probiere anfangs in erster Linie dir bekannte Themen zu verwenden.

Das sind meine fünf Punkte um vorab einzuschätzen, ob ein Nischenthema geeignet ist. Überprüfe ein neues Thema anhand der fünf Punkte und stelle frühzeitig fest, ob sich dieses lohnen kann.

Hinweis: Es sei nochmals ausdrücklich erwähnt, dass auch andere Themen profitabel sein können, die nicht exakt den fünf Punkten entsprechen, also beispielsweise für jüngere Personen und einem durchschnittlichen Produktpreis von 25€. Auch einige meiner Seiten entsprechen den Punkten nicht zu 100%. Im Schnitt funktionieren jedoch meine Nischenseiten mit einer großen Übereinstimmung zu den Punkten deutlich besser und sind um einiges profitabler.

***weitere Punkte**: Die genannten Punkte sind zur grundlegenden Bestimmung geeignet, ob eine Nische profitabel sein wird. Stehen alle Zeichen auf Grün fährst du mit einer detaillierten Überprüfung des Themas fort. Dabei beziehst du die Marktgegebenheiten, wie Wettbewerb und Gesamtanzahl potentieller Besucher

(Suchvolumen), in deine abschließende Bewertung mit ein. Wie du diese Aspekte abschätzt, zeige ich dir in Schritt 2.

Ich habe leider noch gar keine Ideen für ein Nischenthema. Wie finde ich ein gutes Thema?

Keine Bange, ich stelle dir nun einige Themengebiete vor in denen es relativ einfach ist, neue Ideen zu finden. Suche dir davon einen Bereich aus, der dich wirklich interessiert.

- **Freizeit**: Alles was mit dem liebsten Hobby zu tun hat, ist immer gefragt. Menschen entwickeln dabei große Emotionen, genau das was wir wollen um die Produkte möglichst schmackhaft zu machen. Dabei gibt es unzählige Möglichkeiten für Freizeitnischen. Fußball, Basketball, Volleyball, Surfen, Segeln, Klettern, Schach oder Modellbau sowie Tiere und noch viele weitere Themengebiete stellen nur eine kleine Auswahl dar. Nutze deine Kreativität. Überlege dir dazu zu welchen Hobbys du am ehesten einen Bezug entwickeln kannst bzw. bereits hast (Punkt 5). Welches Zubehör wird für die Ausübung des Hobbys benötigt und ist der durchschnittliche Produktpreis ausreichend hoch (Punkt 3)?
- **Fitness und Gesundheit**: Alle Themen rund um Ernährung, Diäten, gesundes Lebens, allgemeine Fitness sind heute gefragter denn je.
- **Lifestyle**: Brandaktuelle oder zukünftige Themen des täglichen Lebens bieten zahlreiche Nischenideen. Smartwatches bzw. tragbare Internetgeräte im Allgemein sind nur ein Beispiel. Darüber hinaus lassen sich beispielsweise Kleidung, Taschen, Schuhe, Uhren und viele weitere Themen in die Lifestyle-Kategorie einordnen. Diese

Themen benötigen allerdings häufig einen erhöhten Pflegeaufwand, da sie in der Regel nicht als zeitlos gelten.

- **Haus und Garten**: Diese Kategorie ist eng verbunden mit Freizeit und Hobby. Auch hier sind die Leute bereit einiges an Geld auszugeben, um ihr Leben schöner und angenehmer zu gestalten.
- **Kinder**: Eltern wollen für ihre Kinder nur das Beste. Aufgrund des schnellen Wachstums der kleinen Sprösslinge und des damit verbundenen rasanten Interessenwechsels bieten die verschiedenen Altersstufen, von ganz klein bis jugendlich, unzählige Ideen für Nischenseiten. Wickeltische, Trampoline oder Schulrucksäcken stellen dabei nur die Spitze des Eisberges dar.

Diese Liste von vielversprechenden Nischenbereichen ist keineswegs vollständig. Nutzte sie als Anregung bzw. Ausgangspunkt für das Finden eines Nischenthemas.

Tipp: Was ich darüber hinaus ab und mache, um auf neue Ideen zu kommen, ist in den nächsten Baumarkt, Spielzeugladen oder ein Mixgeschäften wie Karstadt und Co. zu gehen. Hier findest du eine Fülle neuer potentieller Ideen. Die Preise hast du ebenso wie die Auswahl verschiedener Produkte schnell auf einen Blick. Auch Online-Shops wie Amazon, Otto oder Ebay funktionieren als hervorragende Ideenquelle. Notiere dir so viele Ideen wie möglich und prüfe sie anschließend auf Machbarkeit, gemäß den fünf Punkten.

Beachte bei der Auswahl deines Themas, dass dieses das Fundament für deine Webseite legt. Nimm dir etwas mehr Zeit und wähle mehrere vielversprechende Themen. Am Ende entscheidest du dich für das beste Thema, mit Hilfe von Schritt #2. Notiere dir auch die weiteren Themen für zukünftige Nischenseiten.

***Zukunftsprognose treffen:** Um über Jahre hinweg eine erfolgreiche Nischenseite zu betreiben, ist es wichtig ein zukunftssicheres Thema auszuwählen. Nichts ist ärgerlicher, als auf ein sinkendes Schiff zu setzen. Somit soll das Interesse an dem Thema möglichst stabil oder gar steigend sein.

Gucke dir dazu den Such-Verlauf der letzten Jahre an und schätze anhand des Trends ab, wie sich das Thema in den nächsten Jahren weiterentwickeln wird. Das Tool der Wahl, um kostenlos an diese Informationen zu gelangen, nennt sich Google Trends[5].

Gib dort dein Nischenthema ein und schau dir den Verlauf der letzten Jahre an. Am Beispiel des Themas „Blu-ray" zeichnet sich der folgende Verlauf ab.

Gut zu erkennen ist, dass Blu-ray in den letzten Jahren relativ stetig anwuchs, bis 2011 schließlich der Zenit erreicht wurde. Es hat den Anschein, dass dieses Thema nun stagniert bzw. sogar etwas fällt. Aller Wahrscheinlichkeit nach wird in diesem sich schnell entwickelnden Markt das „Streaming" in den nächsten Jahren

[5] https://www.google.de/trends/

einige Marktanteile den guten alten Scheiben abknöpfen. Somit ist dieses Thema eher ungeeignet für eine stabile Nische für die nächsten Jahre, wenngleich es noch immer ein relativ gutes Suchvolumen vorhanden ist.

Ein Beispiel für einen deutlich fallenden Trend aus der gleichen Nische liefert der Vorgänger, die „DVD“.

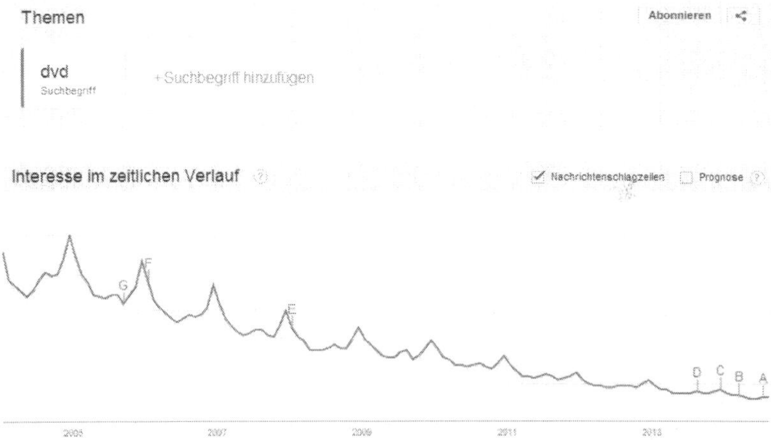

Dem Verlauf ist zu entnehmen, dass diese seit Jahren stetig abfällt, obwohl es in den absoluten Suchanfragen noch immer deutlich über Blu-ray liegt.

Tipp: Zusätzlich werden neben dem Verlauf auch einige Trendthemen vorgeschlagen. Themen die im Kommen sind bzw. aktuell gerne gesucht werden, sind dadurch schnell ausfindig zu machen. Nutze auch diesen Ideenpool, um zu deinem Nischenthema artverwandte und aufstrebende Nischen ausfindig zu machen.

***Ordnung im Chaos**: Der Aufbau einer Nischenseiten erfordert die Verarbeitung vieler unterschiedlicher Informationen. Um hier den Überblick zu wahren und dadurch Zeit zu sparen, lohnt es sich das Vorgehen von Anfang an einem zentralen Ort zu verwalten. Lege dir dafür *jetzt* ein Ordner an. Speichere in diesem Ordner Vorabüberlegungen, Analysen, Inhalte, Plugins und alle weiteren projektbezogenen Daten. Erstelle in diesem Ordner ebenfalls einen Verlaufsplan, beispielsweise in Form einer simplen Text-Datei. Trage in dem Verlaufsplan alle wichtigen Entscheidungen und sonstige Bemerkungen ein. Somit hast du den Erstellungsprozess stets auf einem Blick und kannst auch noch Monate später deine Entscheidungen nachvollziehen.

Wähle das richtige Affiliate-Partnerprogramm

Nachdem ein Nischenthema gefunden wurde, gilt es nun ein Partnerprogramm zu wählen. Die Wahl des passenden Partnerprogramms stellt einen zentralen Aspekt bei der Monetarisierung deiner Nischenseite dar. Schließlich entscheiden die Vergütung, Rahmenbedingungen und nicht zuletzt die Konversionsrate deines Partnerunternehmens über den finanziellen Erfolg deiner Nischenseite.

Eine Vielzahl großer Partnerprogramme sind beispielsweise in den Portalen Zanox[6] oder Affili[7] vertreten, zu den verschiedensten Konditionen. Das Beitreten und auch die Verwaltung deiner Partnerprogramme werden durch diese zentralen Anlaufpunkte besonders leicht gemacht.

Das ohne Zweifel derzeit wichtigste Partnerprogramm ist das Amazon Partnerprogramm[8]. Dieses nutze auch ich auf nahezu allen Webseiten. Warum? Amazon bietet zwar nicht die allerbesten

---

[6] https://www.zanox.com/de
[7] http://www.affili.net/de/home
[8] https://partnernet.amazon.de

Provisionssätze, doch durch die große Verbreitung und das immense Vertrauen in Amazon sind viele Besucher eher geneigt hier einen Kauf zu tätigen. Zudem bietet Amazon ein riesiges Produktsortiment, sei es durch eigne Produkte oder die unzähligen externen Verkäufer. Dabei bringt jedes zusätzlich gekaufte Produkt ebenfalls eine Provision ein, auch wenn der Affiliate-Link gar nicht auf dieses Produkt verweist. Solange der Besucher deinen Link angeklickt hat, zählen sämtliche weiteren Einkäufe in die Provisionsermittlung rein. Das ermöglicht vergleichsweise hohe Ausschüttungen, auch wenn einige Partnerprogramme anderer Webseiten, je nach Nische, durchaus in Erwägung gezogen werden können. Für den Anfang empfehle ich dir, auch aufgrund des einfachen Handlings, ausschließlich auf Amazon zu setzen, sofern das Produktportfolio deines Nischenthemas zu einem Großteil auf Amazon vertreten ist.

***Anmeldung im Amazon Partnernet**: Zum Anmelden gehe auf die Partnernet-Webseite von Amazon. Nachdem du dich hier registriert hast, wird nach kurzer Zeit dein Account freigeschaltet. Nun noch die restlichen geforderten Daten angeben und du kannst schon den ersten Affiliate-Link erzeugen.

***Affiliate-Links im Amazon Partnernet erstellen**: Das Erstellen eines Affiliate-Links für das entsprechende Produkt auf Amazon gestaltet sich sehr einfach.

1. Einloggen: Logge dich als erstes in das Partnernet ein.

2. Zum Shop wechseln: Gehe nun auf den Amazon-Shop[9]. Du siehst am oberen Rand eine neue Leiste mit allerhand Elementen.

---

[9] http://www.amazon.de/

Für dich ist für den Anfang der erste Button „Auf diese Seite verlinken“ von Bedeutung.

3. Produkt aufrufen: Suche nun dein gewünschtes Produkt, für das der Affiliate-Link erzeugt werden soll.

4. Affiliate-Link erzeugen: Klicke in der oberen Leiste nun auf den Button „Auf diese Seite verlinken“. In dem sich öffnenden Fenster klicke auf den Reiter „Nur Text“. Nun gilt es den Affiliate-Link aus dem HTML-Code zu extrahieren. Der Affiliate-Link versteckt sich direkt am Anfang zwischen „href =“ und den *ersten* beiden Anführungszeichen:

<a href="Affiliate Link">

Der Link ist relativ kryptisch und lang. Kopiere nun den Affiliate-Link. Dieser Link wird anschließend bei der Erstellung der Texte deiner Webseite in gewöhnlichen Wörtern „versteckt“. Der Besucher wird somit nicht von den langen Affiliate-Links abgeschreckt. Mehr dazu in Schritt #3.

Dieses Vorgehen lässt sich nun beliebig oft für jedes deiner Produkte wiederholen. Der Besucher landet somit automatisch beim Klicken eines Affiliate-Links auf der richtigen Produktseite von Amazon. Durch deinen Affiliate-Link kann Amazon nun auch die folgenden Produktkäufe des Besuchers deinem Konto zuordnen.

SCHRITT #2 – Prüfung des Nischenthemas

Nach dem Finden einer Nischenidee gilt es diese einer abschließenden Prüfung zu unterziehen. Um sicher zu gehen, dass die Webseite auch genug Besucher erhalten wird, ist es von elementarer Bedeutung, das potentielle Suchvolumen richtig abzuschätzen. Ohne Zweifel ist das keine hundertprozentige Wissenschaft. Dabei erhältst du nur eine ungefähre Dimension, wie viele Besucher auf deine Webseite gelangen können. Diese Abschätzung ist entscheidend um vorab bewerten zu können, ob sich eine Nischenseite wird zu dem Thema lohnen.

Zum besseren Verständnis erkläre ich dir vor der Prüfung deiner Nischenidee einige wichtige Begrifflichkeiten.

Hoch hinaus in der Suchmaschine

Das Ziel deiner Nischenseite ist es einen guten passiven Gewinn über einen möglichst langen Zeitraum zu erzeugen. Um dieses Ziel zu erreichen, ist ein *gutes* Ranking in den Suchmaschinen von fundamentaler Bedeutung. Ein gutes Ranking hat in der Regel viele Besucher (= Traffic) zur Folge. Die allermeisten Webseitentypen, egal ob es ein Online-Shop, Forum, eine Nischenseite oder andere sind, dieses Ziel. Der Grund ist einfach: Durch ein gutes Ranking erhältst du *kostenlos* viele Besucher, wodurch in der Regel auch dein Gewinn nach oben schnellt. Somit ist das Erreichen eines guten Rankings eines der obersten Ziele für deine Nischenseite.

Nach einiger Zeit wird deine Nischenseite zu verschiedenen Begriffkombinationen, auch Keywords genannt, in der Suchmaschine auffindbar sein. Du willst nun sicherstellen, dass deine Webseite zu Suchbegriffen gefunden werden kann, die einen wahrscheinlichen Produktkauf nach sich ziehen. Die idealen Besucher sind somit bereits in der fortgeschrittenen Kaufphase. Diese suchen nun mit bestimmten Keywords nach Informationen, die auf diese Phase hindeuten.

Die Aufgabe ist es nun diese profitablen Keywords zu bestimmen. Anschließend werden die gefunden Keywords geprüft, ob sie genug Besucher auf deine Webseite leiten können. In einem späteren Schritt werden die Keywords in deine Webseite eingebaut, mehr dazu in Schritt #3.

***profitable Keywords**: Die Frage lautet an dieser Stelle: Was sind profitable Keywords? Neben dem bereits beschriebenen Kaufinteresse gibt es einige Wörter, die profitable Keywords kennzeichnen. Angenommen du hast vor eine Webseite in der Marktnische Kugelgrills zu erstellen. Dann sind sinnvolle Keywords beispielsweise „Bester Kugelgrill Weber“, „Kugelgrill Weber Testbericht“, „Kugelgrill Landmann Erfahrung“, „Kugelgrill Test“, „Kugelgrill Testsieger“, „Kugelgrill Vergleich“ oder „der beste Kugelgrill“. Diese Keywords stellen nur eine kleine Auswahl möglicher profitabler Keywords dar. Für deine Nischenseite willst du für noch mehr Keywords weit oben in der Suchmaschine stehen – auch „gut ranken“ genannt. Für den Start sind 10 bis 20 profitable Keywords eine ausgezeichnete Basis. Wie du schnell und einfach profitable Keywords für deine Nischenseite findest, erfährst du weiter unten.

Was heißt konkret: „gute Rankings“ bzw. „gut ranken“?

Ein „gutes Ranking“ bedeutet, dass du für *möglichst viele* (profitable) Keyword unter den vorderen drei Plätzen in der Google-Suchmaschine stehst. Auf diese Links wird die mit Abstand am meisten geklickt. Somit stellt ein gutes Ranking ein bedeutendes Ziel dar, um Erfolg mit der Nischenseite zu haben. Durch ein gutes Ranking wird gewährleistet, dass viele Besucher den Weg auf deine Nischenseite finden werden, sodass diese schnell profitabel wird. Zusammengefasst lässt sich nun sagen, dass ein gutes Ranking deiner Keywords eng mit einem guten Gewinn korreliert.

Hinweis: Es gibt neben der Google-Suchmaschine unzählige weitere Suchmaschinen im Internet. Für uns ist aufgrund der enormen Verbreitung nur die Google-Suchmaschine relevant. Die allermeisten Besucher werden über die Google-Suche den Weg auf deine Webseite finden. Gute Rankings in anderen Suchmaschinen wie Bing, Yahoo oder Sonstige spielen nur eine zu vernachlässigende Rolle. Konzentriere dich also bei den Recherchen ausschließlich auf die Google-Suche.

Um dir nun am Beispiel zu verdeutlichen, wie ein gutes Ranking aussieht, schaue dir die Google-Suchmaschine für ein bestimmtes Keyword an. Die folgende Abbildung zeigt die Google Suchmaschine bei der Eingabe von „Kugelgrill Weber Kaufen“.

Zu sehen ist die Universal Search von Google, in der - je nach Keyword - verschiedene passende Elemente zu der Suchanfrage eingeblendet werden. Suche ich beispielsweise nach „Bild Hawaii“, so wird die „Google Bildersuche“ eingeblendet. „Google Maps“ wird bei der Suche nach einem Ort, Restaurant oder der nächsten Apotheke angezeigt. Für unser Keyword „Kugelgrill Weber Kaufen“ ist keines dieser beiden Elemente zu sehen, da andere Elemente passendere Informationen liefern.

Position 1 zeigt die Ergebnisse für „Google Shopping“. Dieses Feld liefert einen Preisvergleich passender Produkte. Eine weitere Werbeform wird in Form von Textanzeigen ebenfalls eingeblendet. Die Bereiche 2 und 4 gehören dabei quasi zusammen und werden von den Unternehmen mit Hilfe von „Google Adwords“ erstellt. Dabei sind die Bereiche 1, 2 und 4 noch immer die Haupteinnahmequelle von Google, wodurch Google letztlich erst zu einem Global Player geworden ist - doch das nur am Rande.

Für die Nischenseite ist nun der Bereich 3 interessant, der sogenannte organische Suchbereich. Hier sind passende Webseiten zu unserem Suchbegriff gelistet und zwar der Wichtigkeit nach. Entsprechend der Berechnung durch den Google Suchmaschinenalgorithmus werden die Webseiten bewertet und anschließend in einer riesigen Liste platziert – zu jedem einzelnen Keyword aufs Neue. Die Positionierung in dieser Liste ist völlig kostenlos, im Gegensatz zu den Werbebereichen 1, 2 und 4. Hier oben zu stehen bedeutet, dass die Google-Suche kostenlos viele Besucher auf deine Webseite weiterleiten wird.

6 Wege um profitable Keywords zu bestimmen

Zugegeben, der Suchbegriff „Kugelgrill Weber Kaufen“ eignet sich nicht für eine Affiliate-Nischenseite. Warum? In diesem Keyword ist schließlich ein explizites Kaufinteresse vorhanden. Ich gehe sogar soweit und behaupte, dass das Wort „kaufen“ auf das am weitesten fortgeschrittene Stadium im Kaufprozess hindeutet, was bekanntermaßen ein Aspekt für eine gute Nischenseite ist. Somit wäre dieses Wort doch eigentlich ideal für jede Art von Nischenseiten. Nun der Grund warum dieses Wort nicht in einem Keyword verwendet werden sollte, liegt in dem Suchmaschinen-Algorithmus von Google begründet. Was soll das nun wieder bedeuten? Affiliate-Nischenseiten haben es durch den Suchmaschinen-Algorithmus sehr schwer zu den sogenannten E-Commerce-Keywords gut zu ranken. Das sind Wörter, die hauptsächlich für das Auffinden von Online-Shops gedacht sind. Für Keywords mit enthalten Wörtern wie beispielsweise „Online Shop“, „Kaufen“ oder „bestellen“ wird das Erzielen eines guten Rankings mit einer Affiliate-Nischenseite kaum möglich sein.

Checkliste DONT-Keywords: Um bei deiner Keyword-Recherche von Anfang die richtigen Keywords zu verwenden, *vermeide* die folgenden Wörter innerhalb der Keywords:

- Kaufen
- Bestellen
- Online Shop
- Online
- Shop
- Preis
- günstig

Vermeide ebenfalls die Verwendung sämtlicher *ähnlicher* Wörter wie „Online-Shop“ oder „Bestellung“. Alle Keywords mit dem Ziel direkt in einem Online-Shop einzukaufen, sind für demnach auszuklammern.

Relevanter ist nun die Stufe kurz *vor* dem tatsächlichen Kauf. In dieser Phase wird häufig nach Vergleichen oder Tests gesucht. Welches Modell ist das Beste oder welche Vorteile und Nachteile bürgt ein das Zielprodukt gegenüber den Anderen. Es ist eine informative Phase mit dem Ziel anschließend einen Kauf zu tätigen. Der ideale Besucher für eine profitable Nischenseite hat demnach ein *informatives Kaufinteresse*.

Checkliste DO-Keywords: Wörter die nun in vielen deiner Keywords Verwendung finden sollen, sind:

- Test
- Testsieger
- Vergleich
- Review
- Bester
- Beste
- Der beste
- Die besten
- Erfahrung
- Erfahrungsbericht
- Bewertung
- Empfehlen
- Empfehlenswert
- Testvergleich
- Unterschied
- Vorteile

- Nachteile

Du brauchst sicherlich nicht alle Wörter aus der Liste verwenden. Die Wichtigsten sind „Test“, „Testbericht“ und „Vergleich“. Verwende diese unbedingt in deiner Nischenseite, also beispielsweise „Weber Grill Test“. Die restlichen Wörter sind als gute Ergänzungen zu betrachten.

***Ein-Wort-Keywords**: Die Keywords selbst können beliebig viele Wörter enthalten. Für den Anfang empfehle ich Keywords bestehend aus mindestens zwei Wörtern zu verwenden, also beispielsweise „Lampen Test“ oder „die besten Autolampen“. Ein-Wort-Keywords wie „Lampe“, „Auto“, „Boot“ usw. sind für die erste Nischenseite möglichst zu vermeiden. Warum? Kurz und knapp: Aufgrund des großen Wettbewerbs für solche allgemeinen Keywords. Für Ein-Wort-Keywords wird es extrem schwierig gut zu ranken und damit einen nennenswerten Besucherstrom aufzubauen. In kleineren Nischen kann es auch durchaus möglich sein für ein Ein-Wort-Keyword gut zu ranken. Lege jedoch den Fokus für die erste Nischenseite auf *mindestens* Zwei-Wort-Keywords. Für diese wirst du es deutlicher leichter haben, gut zu ranken und somit einen guten Besucherstrom zu erzielen.

***automatisiertes Suchen von Keywords**: Du weißt nun, was profitable Keywords sind und was es heißt mit diesen gut zu ranken. Ebenfalls weißt du, dass du Keywords benötigst, die auf informationsorientierte kaufwillige Besucher ausgerichtet sind. Mit Hilfe der beiden Checklisten bist du zudem in der Lage gute Keywords auszumachen.

Sich selbst Keywords zu überlegen ist vorab wichtig, um eine Basis bei der Keyword-Recherche zu erschaffen. Diese dient als Ausgangspunkt, um alle profitablen Keywords zu finden. Es gibt einige Wege, um möglichst alle profitablen Keywords in deiner Nische zu finden. Im Folgenden stelle ich dir dazu sechs einfache Möglichkeiten vor.

1. Google-Suche: Als erstes kann die Google-Suche bemüht werden. Gib dazu das erste Wort bzw. die ersten Wörter eines Suchbegriffs in die Google-Suche ein und schaue welche weiteren Keyword-Kombinationen vorgeschlagen werden. Das folgende Bild verdeutlich das Vorgehen am Beispiel „Fahrrad Vergleich …".

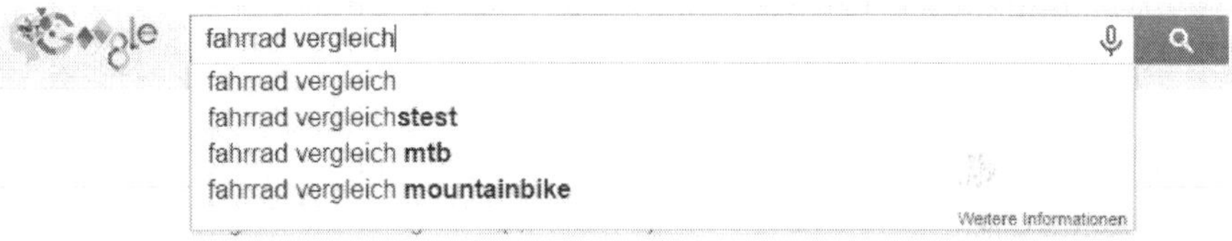

Es werden drei weitere, häufig gesuchte, Begriffe vorgeschlagen. Somit erhältst du schnell weitere vielversprechende Keywords bzw. Keyword-Ideen. Um nun weitere Keywords zu bestimmen, gehe der Reihe nach durch. Gib also beispielsweise „Fahrrad Vergleich Mountainbike" ein, und notiere dir die neuen angezeigten Keywords bis du genug potentielle Keywords gesammelt hast. Nutze hierfür eine Excel-Tabelle und speichere die Liste in deinen Ordner ab.

Dieses Verfahren ist sehr einfach, erfordert allerdings relativ viel Zeit und Arbeit. Der größte Nachteil ist jedoch, dass du wohlmöglich einige gute Keywords übersiehst, da du zu jedem Keyword nur eine kleine Vorschau weiterer vorgeschlagener Keywords erhältst. Zur ersten Recherche häufig gesuchter Keywords ist das manuelle Suchen in der Google-Suche durchaus sinnvoll. Praktikabler ist allerdings mit der nächsten Möglichkeit.

2. Uebersuggest: Das kostenlose Online-Tool Uebersuggest[10] ermöglicht ein automatisiertes Verfahren. Das Prinzip ist schnell erklärt. Uebersuggest greift nach der Eingabe eines Ausgangs-Keywords auf die Schnittstelle der Google-Suche zu und listet anschließend eine riesige Liste zugehöriger Keywords auf. Diese immense Anzahl möglicher Keywords werden dabei übersichtlich in alphabetischer Reihenfolge sortiert.

Für das Haupt-Keyword „Fahrrad“ sieht die Ausgabe von Uebersuggest wie folgt aus:

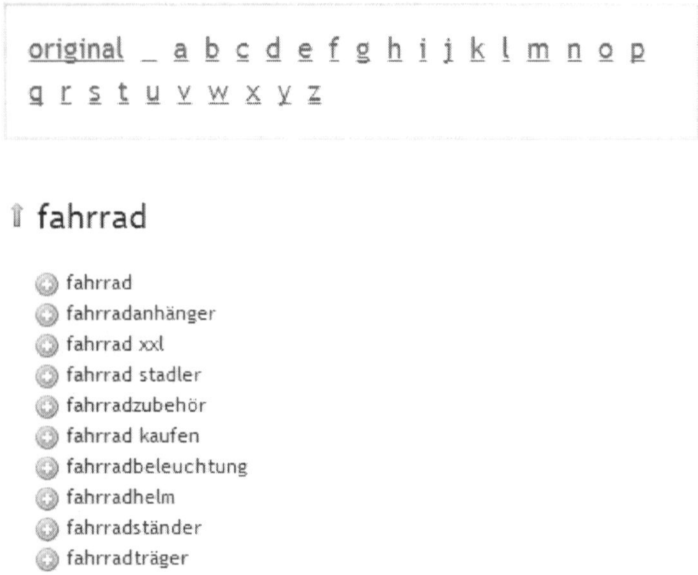

Die Abbildung zeigt nur einen winzigen Ausschnitt der riesigen Liste. Zudem klappt sich bei jedem Klick auf ein Unter-Keyword eine neue Liste zugehöriger untergeordneter Keywords auf. Mit Hilfe von Uebersuggest kannst du schnell unzählige Keywords zu einem einzigen Ausgangs-Keyword finden.

Darüber hinaus ist das Tool wunderbar als Ideenpool für neue Produkte und Artikel in deiner Nische geeignet. In Windeseile

[10] http://ubersuggest.org/

kannst du mit Uebersuggest herausfinden, welche Themen, Modelle bzw. Produkte in der Nische gesucht werden.

3. Keywordtool: Eine weitere großartige Option für eine schnelle Keyword-Recherche bietet Keywordtool[11]. Wie mit Uebersuggest werden nach der Eingabe eines Keywords viele zugehörige Keywords aufgelistet. Neben einem übersichtlichen und modernen Design bietet das Tool beispielsweise die Möglichkeit alle Keywords mit nur einem Klick zu kopieren. Das macht die Auswertung besonders einfach. Für das Haupt-Keyword „Fahrrad“ sieht die Ausgabe wie folgt aus:

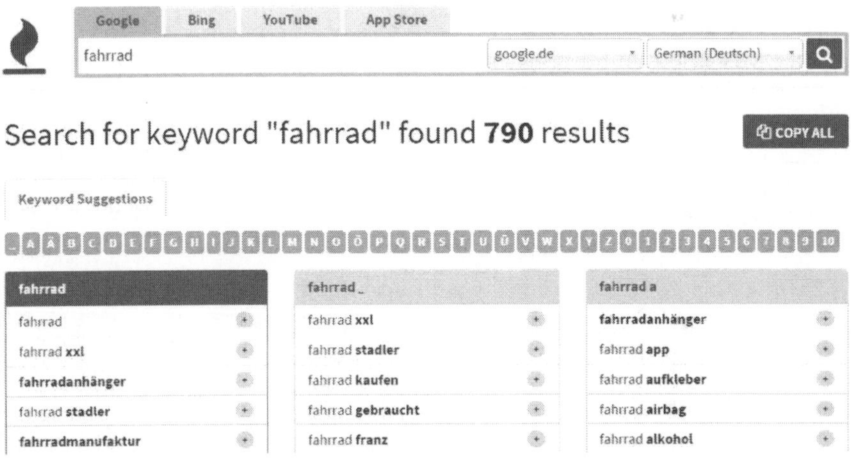

Es werden 790 weitere Keywords gefunden. Dabei bietet das Tool eine einfache Möglichkeit die Keywords durch einen Klick auf das „+“-Symbol neben dem jeweiligen Keyword in die Zwischenablage zu kopieren. Nach abgeschlossener Recherche können alle selektierten neuen Keywords durch einen einzigen Klick auf den Button am unteren Bildschirmrand kopiert werden.

[11] http://keywordtool.io/

Im Vergleich zu Uebersuggest kann im Keywordtool leider (noch) keine neue Liste mit zugehörigen Keywords durch das Klicken auf ein Keyword geöffnet werden. Stattdessen muss für jedes Keyword eine erneute Suchanfrage gestartet werden, was eine tiefe Recherche etwas umständlicher werden lässt.

Darüber hinaus bietet das Tool ebenfalls die Möglichkeiten die Suchmaschine Bing, unser liebstes Videoportal YouTube sowie den App Store zu durchsuchen. Somit kann das Keywordtool ebenfalls für die Recherche weiterer Ideen verwendet werden, auch abseits von Affiliate-Webseiten.

4. SEM-Rush: Ein wirklich mächtiges Tool ist SEM-Rush[12]. Mit einigen Einschränkungen kann dieses Tool für eine begrenzte tägliche Anzahl kostenlos genutzt werden. Das Keyword-Recherche-Modul bietet die Möglichkeit zur Anzeige von Trends und ähnlichen Keywords mit zugehörigem Suchvolumen. Diese Anzeige ist ein großer Vorteil im Vergleich zu den bisherigen Varianten. Dadurch siehst du, wie häufig nach einem Keyword gesucht wird.

Neben der Keyword-Recherche bietet SEM-Rush noch zahlreiche weitere nützliche Tools, wie das Backlinks-Modul. In der kostenlosen Version werden neben einigen Kenndaten allerdings nur einige wenige Backlinks angezeigt (dazu am Ende des Buchs genaueres).

Alles in allem ist SEM-Rush, selbst in der kostenlosen Version, ein äußerst nützliches Tool für die Keyword-Recherche, das zudem auch für tiefgreifende Analysen taugt – Stichwort: Suchvolumen. Wie du das tatsächliche Suchvolumen des jeweiligen Keywords bestimmst, erfährst wird im weiteren Verlauf gezeigt. Für dich reicht an dieser

---

[12] http://de.semrush.com/de/

Stelle ein Blick in die übersichtliche Keyword-Recherche von SEM-Rush.

5. Adwords: In der ebenfalls kostenlosen Umgebung von Google Adwords[13] gibt es die Möglichkeit nach Keywords zu recherchieren. Unter „Tool>Keyword-Planer" lässt sich ein Haupt-Keyword eingeben. Auch hier öffnet sich eine riesige Liste weiterer Keywords.

Der Nachteil im Vergleich zu Uebersuggest und Keywordtool ist die relative kleine Liste der Keywords. Dabei sind die angezeigten Keywords häufig nur für den E-Commerce-Bereich oder der lokalen Werbung geeignet. Diese Bereiche sind bekanntlich für uns eher uninteressant. Doch es lassen sich auch in Adwords vielversprechende Keywords bestimmen, mit einigen Einstellungen in den Filtern.

Zudem bietet der Keyword-Planer eine Reihe zusätzlicher nützlicher Daten. Auch hier kann beispielsweise das Suchvolumen und der saisonale Trend zu jedem Keyword angezeigt werden.

6. Market Samurai und Long Tail Pro: Komfortabler und exakt für das Suchen von Keywords konzipiert sind die Tools Market Samurai[14] und Long Tail Pro[15]. Mit Hilfe dieser Tools geht die Keyword-Recherche in Rekord-Tempo von der Hand. Dabei bieten die Tools eine Vielzahl interessanter Faktoren, um das jeweilige Keyword beispielsweise einfacher hinsichtlich Profitabilität zu bewerten. Zudem sind in beiden Tools weitere Module zur schnellen Analyse der Konkurrenz integriert. Der vorbereitende Prozess zur Erstellung des Inhaltes der Nischenseite kann mit Hilfe von Market Samurai

---

13 https://adwords.google.com
14 http://www.noblesamurai.com/
15 http://www.longtailpro.com/

oder Long Tail Pro komfortabler und effektiver denn je erledigt werden.

Der Nachteil ist, dass diese Tools kostenpflichtig sind. Ohne Zweifel benötigst du für die erste Nischenseite keines der beiden Tools, um erfolgreich zu sein. Hast du nach einiger Zeit bereits einiges an Erfahrung gesammelt und planst neue Nischenseiten, kann es sinnvoll sein, sich eines dieser Tools zuzulegen. Ein hohes Maß an Zeitersparnis und die vielen enthalten Faktoren zur einfacheren Bewertung helfen dir den Erstellungsprozess effektiver zu gestalten. Aus eigener Erfahrung kann ich dir versichern, dass sich der finanzielle Einsatz durch die entstehende Zeitersparnis und genauere Arbeitsweise schnell amortisiert. In jedem Fall benötigst du jedoch für den Anfang keines dieser Tools um eine erfolgreiche Nischenseite zu starten.

Die 5 Methoden helfen dir die Keyword-Recherche für deine Nischenseite einfach und zielgerichtet durchzuführen, egal für welche Variante du dich entscheidest. Notiere dir nun in einer Tabelle so viele profitable Keywords wie möglich, um sie für den nächsten Schritt vorzubereiten.

Wie bereits angedeutet, ist es ebenfalls wichtig zu wissen, wie viele Menschen tatsächlich nach dem jeweiligen Keyword suchen. Im Folgenden zeige ich dir wie du das Gesamtsuchvolumen deiner Keywords bestimmst, um anschließend die Profitabilität deiner Nische richtig einzuschätzen.

Wie du die Gesamtbesucherzahl abschätzt

Jedes Keyword hat eine bestimmte durchschnittliche Suchanzahl pro Tag. Die Leute suchen nach einigen Themen wie verrückt, andere bekommen sehr wenige Besucher ab. Je nachdem wie stark das Keyword ist, können einige 100 Besucher pro Tag auf deine Seite geleitet werden oder nur 3. Dabei hängt das Suchvolumen eines Keywords von dem gewählten Nischenthema ab. Oder anders ausgedrückt: die Größe des Marktes, bestimmt das Suchvolumen.

Neben der Marktgröße ist das Suchvolumen zudem auch von der Wortanzahl in dem Keyword selbst abhängig. Je mehr Wörter in dem Keyword vorhanden sind, umso geringer ist in aller Regel auch das Suchvolumen. Viele Wörter im Keyword sind häufig gleichbedeutend mit einer sehr speziellen Suche nach Informationen, und damit wenigen Suchenden. Deine *wichtigsten* Keywords sollen demnach so wenig Wörter wie möglich enthalten, mindestens jedoch zwei (siehe vorheriges Kapitel)

Dein Ziel ist es nun Herauszufinden wie viele Besucher *in etwa* durch die Gesamtheit aller Keywords pro Tag auf deine Webseite geleitet werden könnten, also die theoretisch maximalen Suchanfragen. Dieser Wert bedeutet, dass jeder Suchende auf deine Webseite auf deinen Webseitenlink in der Google-Suche klickt. Der daraus resultierende Wert wird als Gesamtsuchvolumen bezeichnet.

Mit welchen Mitteln schätzte ich das Gesamtsuchvolumen ab?

Wie bereits zuvor erwähnt, eignet sich der kostenlose Keyword-Planer von Adwords zum Abschätzen des Suchvolumens, neben vielen anderen, teils kostenpflichten Tools. Im Folgenden erkläre ich dir das Vorgehen anhand eines Beispiels in Adwords.

***Suchvolumen mit Adwords abschätzen**: Als Beispiel wähle ich das Keyword „Fahrrad“. Die folgende Übersicht erscheint, wenn du auf den Reiter „Keyword-Ideen“ klickst:

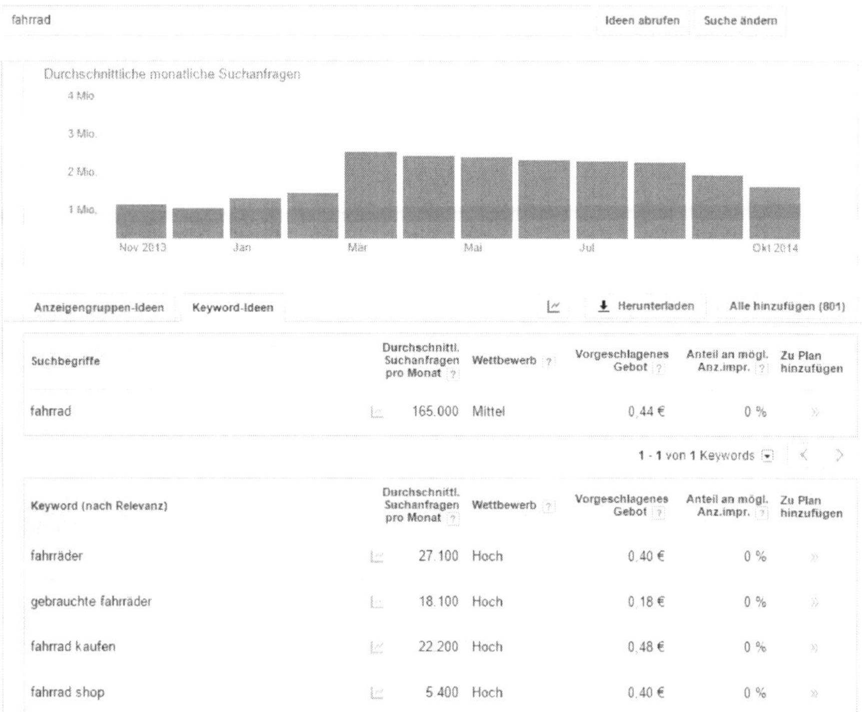

Die zweite Spalte zeigt die durchschnittlichen Suchanfragen pro Monat an. Exakt diesen Wert benötigen wir um das Gesamtsuchvolumen aller Keywords abzuschätzen. Gib dazu jedes Keyword ein und addiere die Suchvolumina zusammen. Damit erhältst du schließlich eine *Abschätzung* des Gesamtsuchvolumens für deine Nischenseite.

Darüber hinaus kann der Keyword-Planer weitere interessante Daten für die Keyword-Bewertung liefern. Um beispielsweise die jahreszeitlichen Schwankungen für dein Keyword anzuzeigen, klicke auf das kleine Diagrammsymbol, links neben den durchschnittlichen Suchanfragen. In unserem Beispiel wird der Jahresverlauf für

„Fahrrad" durch das Balkendiagramm im oberen Bereich dargestellt. Ab März machen die Suchanfragen für Fahrräder einen großen Sprung und fallen bis Oktober langsam sowie kontinuierlich ab, bis diese im November einen großen Sprung nach unten machen. Somit ist klar, dass einige Keywords bzw., allgemeiner formuliert, Themen starken jahreszeitlichen Schwankung unterliegen. Manche Themen sind ausschließlich im Sommer bzw. in der wärmeren Jahreszeit präsent, andere hingegen nur in der Skifahrsaison. Beachte diese Schwankung bei der Wahl des Themas. Das heißt nun keinesfalls, dass du nur Themen wählen sollst, die das ganze Jahr über gut laufen können. Einige meiner besten Nischenseiten sind rein saisonale Themen. Durch den Aufbau von mehreren saisonalen Nischenseiten, sowohl für Winter als auch für den Sommer, kann der Gewinn auch für jeden Monat relativ konstant sein, sodass sich die Schwankungen ausgleichen. Für den Anfang empfehle ich jedoch eine Nische ohne großartige jahreszeitliche Schwankungen zu wählen. Mit einer ganzjährig konstant gut laufenden Nischenseite kannst du besser lernen, wie sich eine Nischenseite ohne saisonale Einflüsse über mehrere Monate entwickelt. Große Booms bei saisonalen Nischenseiten, wie beispielsweise der Beginn zur Badesaison, können deine Gewinnentwicklung stark beeinfluss, sodass du daraus wohlmöglich die falschen Schlüsse für ein neues Projekt ziehst. Wähle also für den Anfang möglichst ein Thema, das dir einen nahezu konstanten Besucherstrom über das gesamte Jahr gewährleisten kann.

Du weißt nun also wie das Gesamtsuchvolumen deiner Nischenseite bestimmt werden kann. Zudem kannst du dein Thema hinsichtlich saisonaler Schwankungen analysieren. Reicht das nun aus um die Gesamtbesucher deiner Webseite abzuschätzen?

***prozentuale Verteilung des Suchvolumens**: Beinahe. Du erhältst bis hier hin nur die *Gesamtanzahl* aller Suchanfragen. Nach Eingabe eines Suchbegriffs haben die Leute jedoch die Möglichkeit die unterschiedlichsten Elemente in der Google-Suche anzuklicken. Somit verteilen sich die tatsächlichen Klicks über die verschiedenen Bereiche der Google-Suche wie Werbung, Bilder, Video oder Shopping und es werden weniger Besucher auf deine Webseite gelangen als durch das Suchvolumen theoretisch maximal möglich ist. Es lässt sich demnach festhalten, dass das Suchvolumen *nicht* der Besucheranzahl entspricht.

Dabei ist neben der beschriebenen Verteilung der Klicks auf die Such-Elemente wie Bilder, Videos, Werbung und Shopping auch der Klickverteilungs-Effekt von Bedeutung. Die Besucher klicken auf die Links in dem - für uns relevanten - organischen Suchbereich mit *unterschiedlicher* Gewichtung. Je weiter oben deine Webseite zu einem Keyword in der Google-Suche steht, also je besser es rankt, umso mehr Klicks bzw. Besucher erhält diese. So erhält eine Platz 1 Positionierung ca. 30% bis 60% der Klicks. Auf Platz 2 klicken noch 10% bis 40% und bei Platz 3 Positionierung sind es immerhin noch ca. 5% bis 30% der Suchanfragen. Danach fällt die Klickanzahl im Schnitt dramatisch ab.

Die große Streuung in der Klickverteilung auf den jeweiligen Positionen ist zum Teil, wie bereits beschrieben, in den zusätzlichen eingeblendeten Elementen wie Werbung, Maps usw. begründet. Blendet Google beispielsweise zu einem Keyword die Bildersuche, Shopping und Werbung ein, wird der Link zu deiner Nischenseite weit unter den eingeblendeten Zusatz-Elementen liegen. Da die Menschen jedoch gerne auf die zuerst angezeigten Elemente bzw. Links klicken, sinkt die Besucheranzahl mit fallender Positionierung, da die Links aus dem Blickfeld verschwinden.

Somit lässt sich zusammenfassen, dass von dem Suchvolumen pro Keyword nur *ein bestimmter Teil* auf deine Nischenseite gelangen wird - je nach Ranking. Durch Multiplikation der ungefähren Prozentwerte der angestrebten Zielposition mit den Suchvolumina lässt sich die tatsächliche *Gesamtanzahl der Besucher* pro Monat abschätzen. Strebe dabei mindestens Position 3 für das jeweilige Keyword an.

Hinweis: Du wirst dich nun sicherlich fragen, warum Position 1 nicht das Ziel sein sollte. Wozu mit weniger begnügen als dem Besten? Manchmal ist allerdings bereits vorab klar, dass es aufgrund der Konkurrenzsituation schwer sein wird, auf Platz 1 zu gelangen. Befinden sich beispielsweise auf den vorderen beiden Plätzen zwei starke Webseiten, die schwer überholt werden können, macht es Sinn nur Position 3 als Ziel des jeweiligen Keywords auszugeben und somit von vornherein mit einer geringen Besucheranzahl zu rechnen. Wie du die Konkurrenz richtig einschätzt und damit die Zielposition zu dem jeweiligen Keyword planen kannst, zeige ich dir im nächsten Kapitel. Wann macht nun eine Zielposition in der Suche unter Position 1 überhaupt Sinn? Frage dich dazu was eigentlich das Ziel ist. Du willst möglichst *viele und auch relevante* Besucher auf die Nischenseite leiten. Somit ist die Antwort einfach. Wenn für das Keyword selbst auf einer „schlechteren" Positionierung immer noch genug Besucher weitergeleitet werden, kann auch beispielsweise Position 3 in der Kalkulation verwendet werden, wenngleich Position 2 oder gar 1 ohne Zweifel noch besser wären. Eine solche Kalkulation mit Zielpositionen unter Position 1 ist häufig dann sinnvoll, wenn das jeweilige Keyword extrem suchstark ist.

***Abweichungen in der geschätzten Gesamtbesucherzahl**: Aufgrund der breiten Streuung der prozentualen Besucheranzahlen für jede Position stellt die Ermittlung der Besucheranzahl nur einen groben

Schätzwert dar. Dieser Wert hilft bei der Entscheidung für oder gegen die jeweilige Nische.

Du wirst im Anschluss an die Umsetzung der Nischenseite nach einiger Zeit höchstwahrscheinlich deutlich mehr Besucher erhalten, als es durch die 10 bis 20 Keywords für deine Nischenseite berechnet wurde. Das liegt daran, dass deine Webseite zu unzähligen weiteren Keywords zu finden sein wird, die du in der Planphase nicht berücksichtigen kannst. Es sind häufig Keywords, die sehr speziell sind. Diese Keywords bestehen, wie bereits zuvor beschrieben, zumeist aus vielen Wörtern und werden - einzeln betrachtet - selten gesucht. Durch viele dieser sogenannten Longtail-Keywords werden in der Regel deutlich mehr Besucher auf deine Seite finden, als durch die suchstarken 10 bis 20 zuvor herausgesuchten wichtigen Keywords. So kommt es nicht selten vor, dass ich bei neuen Nischenseiten vorab ein Besucheraufkommen von ca. 50 bis 80 abgeschätzt habe. In einigen Fällen haben sich die Besucherzahlen dann sogar, glücklicherweise, in Richtung 200 bis 300 pro Tag entwickelt. Große Abweichungen werden hier also eher die Regel als die Seltenheit sein.

Zusammengefasst ist nun also festzustellen, dass die Besucheranzahl lediglich abgeschätzt werden können. Mehr ist an dieser Stelle des Prozesses auch nicht nötig. Dieser Schätzwert reicht aus um überprüfen, ob es sich *lohnen* kann, in dieser Nische eine Webseite zu erstellen. Nimm diesen Wert also als Indikator für die Eignung deines Nischenthemas. Die wirkliche Besucheranzahl wird nach einiger Zeit höchstwahrscheinlich anders aussehen, im Idealfall deutlich größer sein als die Berechnete.

Kommen wir nun nach den Grundlagen zur Berechnung der geschätzten Besucheranzahl pro Tag für deine Nischenseite.

***Die Abschätzung der Gesamtbesucheranzahl**: Die eigentliche Berechnung ist sehr simpel. Folge dazu diesen Schritten:

1. Besucher pro Monat: Nimm *jedes Keyword* deiner Liste und multipliziere es mit dem Prozentwert der wahrscheinlichen Zielposition, um die Besucher pro Monat für jedes Keyword zu erhalten. Für den Anfang reicht es an dieser Stelle anzunehmen, dass im Schnitt jedes Keyword nur *Platz 2* erreichen wird. Multipliziere also das jeweilige monatliche Suchvolumen des Keywords mit *40%*.

2. Tägliche Besucheranzahl pro Keyword: Teile diesen Wert nun durch 30, um die *tägliche* Besucheranzahl des *jeweiligen Keywords* zu erhalten.

3. Gesamtbesucheranzahl bestimmen: Addiere die Besucheranzahlen der einzelnen Keywords zusammen und erhalte die *Gesamtbesucheranzahl pro Tag*.

Am Beispiel der Nische „Fahrrad“ wird die Berechnung deutlich. Die gewählten Keywords sind im Folgenden aufgelistet. Dabei stellt der erste Wert in der Klammer das *Suchvolumen* pro Monat dar. Der zweite Wert ist das tägliche Besucheraufkommen, berechnet gemäß der obigen Abfolge bis Schritt 2.

- Die besten Fahrräder (140/1,9)
- Citybike Test (140/1,9)
- Welches Fahrrad kaufen (210/2,8)
- Fahrrad Vergleich (210/2,8)
- Fahrräder im Test (210/2,8)
- Test Fahrrad (260/3,5)
- gute Fahrräder (260/3,5)
- Damenfahrrad Test (320/4,3)

- Fahrrad Test (1900/25,3)
- Fahrrad Testberichte (50/0,7)

Alle „zweiten Werte“ in der Klammern zusammenaddiert ergeben nun mindestens 49 Besucher pro Tag für die Fahrrad-Nischenseite, wenn für jedes Keyword Position 2 erreicht wird. Wie bereits beschrieben wird das tatsächliche Besucheraufkommen wahrscheinlich deutlich höher. An dieser Stelle sind jedoch zum Abschätzen der Machbarkeit nur die 49 berechneten täglichen Besucher relevant.

Mit Hilfe der Keyword-Liste ist zu erkennen, dass das Haupt-Keyword „Fahrrad Test“ sein wird. Mit 25 täglichen Besuchern leitet dieses Keyword die Hälfte der Besucher auf die Webseite weiter und ist somit für den Erfolg äußerst bedeutend. Demnach lohnt es sich das Keyword „Fahrrad Test“ ausgiebig zu analysieren. Dazu im folgenden Kapitel genaueres.

Hinweis: Das Thema Fahrrad ist sehr allgemein gehalten. Hier würde ich *wahrscheinlich* eine Nische wie Trekking-Bike, Rennrad, Mountainbike, oder Kinderfahrrad bevorzugen. Beispielsweise bringt das Keyword „Mountainbike Test“ bei einer Platzierung auf Position 2 in der Google-Suche ca. 48 Besucher täglich. Dieses Keyword ist demnach suchstark und speziell zugleich – der Idealfall. Das allgemeinere Beispiel „Fahrrad“ soll nur die Berechnung verdeutlichen und aufzeigen, welche Keywords ich wählen würde.

Du siehst, die eigentliche Berechnung ist nichts sonderlich Kompliziertes. Mit wenigen Handgriffen lassen sich gute Keywords bestimmen und anschließend die jeweilige Besucherzahlen abschätzen.

Ist mein Nischenthema geeignet?

Um zu entscheiden, ob sich weitere Untersuchungen in deiner Nische lohnen, muss nun die Gesamtbesucheranzahl pro Tag bewertet werden. Welcher Wert spricht dabei für dein Nischenthema und bei welchem Wert sollte besser ein anderes Thema gewählt werden? Hierfür nutzen wir eine Gewinnabschätzung, auf Grundlage der geschätzten Gesamtbesucheranzahl.

Die Frage sollte demnach lauten: Lässt sich mit dieser Nische ein hinreichender Gewinn erzielen? Denn am Ende zählt nicht die schiere Menge an Besuchern, sondern der tatsächliche Gewinn. Ein realistisches Ziel sind 200 bis 300€ pro Monat, das zugleich als Bewertungsgrundlage dienen soll.

Dabei spielt der *durchschnittliche Gewinn* pro Verkauf eines Affiliate-Produktes eine entscheidende Rolle. Schätze dazu nun den durchschnittlichen Verkaufswert deiner Produkte ab. In der Fahrradnische sind es beispielsweise in etwa 500€. Berücksichtige nun die Provision deines Partnerprogramms um eine korrekte Gewinnabschätzung zu erstellen. Angenommen du verwendest ein Partnerprogramm mit 5%-Provision, so liegt der durchschnittliche Gewinn bei 25€ pro Verkauf.

Nun gilt es noch abzuschätzen, wie viele Besucher tatsächlich ein Fahrrad kaufen werden. Der Wert, der das Verhältnis von Verkäufen zur Besucheranzahl beschreibt, nennt sich Konversionsrate. Der Wert dieser Kennzahl hängt neben dem Nischenthema selbst unter andrem auch von den Informationen und Design deiner Webseite ab. Es kommt darauf an, wie gut du deine Produkte am Ende „verkaufst“. Wie eine gut konvertierende Webseite erstellt wird, also eine Webseite mit vielen Verkäufen bezogen auf die

Besucheranzahl, zeige ich dir in Schritt 4. Als konservativen Wert kann nun 2% zur Abschätzung angenommen werden. Somit werden wahrscheinlich im Schnitt zwei Fahrräder pro 100 Besucher verkauft. Da laut unserer Abschätzung am Tag nur 50 Besucher auf die Webseite gelangen, wird demnach ein Fahrrad pro Tag verkauft. Somit liegt der tägliche Gewinn bei 25€ pro Tag, was einen Monatsgewinn von 500€ entspricht.

Hinweis: Exakte Werte lassen sich an dieser Stelle nicht ermitteln. All die Annahmen wie Konversionsrate und Besucheranzahl sind wie mehrfach beschrieben keine exakte Wissenschaft und lassen sich somit vorab keines Falls zu 100% richtig bestimmen. Wir wollen einen Wert ermitteln, der uns Auskunft geben kann, ob sich das Nischenthema tatsächlich lohnen kann und damit den Aufwand zur Webseitenerstellung rechtfertigt.

Somit kann für das Beispiel aus der „Fahrrad-Nische“ mit einem Gewinn von 500€ pro Monat als Abschätzungsgrundlage gerechnet werden. Der Wert liegt deutlich über den angesetzten 200€ bis 300€ pro Monat, sodass die Zeichen bis hier hin auf Grün stehen was die Profitabilität betrifft. Könntest du also für diese Nische direkt mit der Webseitenerstellung fortfahren?

Noch nicht. Ein weiterer Schritt ist unbedingt auszuführen, bevor mit Sicherheit gesagt werden kann, dass sich diese Webseite vorhersehbar entwickeln wird. Die Rede ist von der Konkurrenz-Analyse. Im folgenden Kapitel zeige ich dir wie du deine Konkurrenz einschätzt, bevor du dich endlich an den Inhalt für die Nischenwebseite machen kannst.

Wie du die Konkurrenz richtig einschätzt

Das Steigen in den Rankings deiner Keywords ist ein Schlüssel zum finanziellen Erfolg der Nischenseite. Erst durch ein gutes Ranking erhältst du ausreichend kostenlose Besucher. Um nun beurteilen zu können, ob sich überhaupt ein gutes Ranking jemals einstellen wird, ist das richtige Einschätzen der Konkurrenten unabdingbar. Egal ob es sich um eine Affiliate-Webseite, einen Online-Shop, ein Forum, einen Blog oder ähnliches handelt, die Konkurrenzanalyse ist ein elementar wichtiger Schritt um mit einem neuen Internet-Projekt erfolgreich starten zu können. Im Folgenden zeige ich dir, wie du die Konkurrenz richtig analysierst und somit abschätzen kannst, ob deine Nischenseite ein gutes Ranking für das jeweilige Keyword erreichen kann.

***Schritt 0) Konkurrenz einschätzen durch Werbung:** Hierfür bietet der Keyword-Planer von Adwords einige nützliche Daten. Schaue dir dafür als erstes die Konkurrenz in der Werbung an. Das Heranziehen von Konkurrenz bei der Werbeschaltung mag auf den ersten Blick nicht relevant für den organischen Suchbereich erscheinen. Schließlich sollen kostenlose Besucher auf die Nischenseite geleitet werden und dafür keine kostenpflichtige Werbung eingesetzt werden. Doch auch von der Konkurrenz unter den Werbetreibenden lassen sich für uns nützliche Anhaltspunkte in Bezug auf den Wettbewerb in der organischen Suche ableiten. Schaue dir dazu die Spalte „Wettbewerb“ an. Dieser Wert zeigt dir, wie viele Wettbewerber zu dem jeweiligen Keyword Werbung schalten. Ein „hoch“ bedeutet, dass ein hoher Wettbewerb vorhanden ist. Zudem sind in der Spalte „vorgeschlagenes Gebot“ (CPC = Coin per Click) die jeweiligen Durchschnittspreise für die Werbung aufgelistet. Das vorgeschlagene Gebot in Kombination mit dem Wettbewerb zeigt uns auf welche Keywords sich die

Unternehmen da draußen fokussiert haben. Ein Keyword mit hohem Wettbewerb und zugleich hohen Klickpreisen zeigt, dass eine große Konkurrenz bei der Werbung vorhanden ist. Derartige Keywords sind häufig auch in der organischen Suche stark umkämpft. Umgekehrt ist ein Keyword mit niedrigen CPC und geringem Wettbewerb für die Nischenseite von großem Interesse.

Wie sieht die Situation beispielsweise für die Fahrrad-Nische aus? Gebe dazu das Haupt-Keyword „Fahrrad Test" in Adwords ein. Du erhältst das folgende Schaubild:

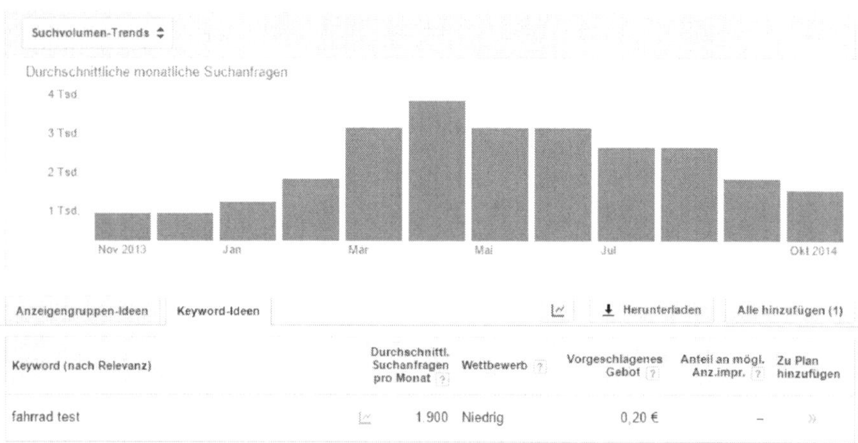

Der Wettbewerb wird als „Niedrig" eingestuft und auch das vorgeschlagene Gebot ist mit 0,20€ gering. Somit scheint die Konkurrenzsituation für dieses Haupt-Keyword insgesamt niedrig zu sein. Wiederhole dieses beispielhafte Vorgehen nun für all deine Keywords und notiere dir die Ergebnisse. Achte auf einen niedrigen Wettbewerb und auf ein vorgeschlagene Gebot unter 0,30€.

Diese Methode zur Ermittlung der Konkurrenzsituation liefert noch keine hundertprozentige Grundlage zur Abschätzung. Es ist ein erster Richtwert bzw. Indikator für die Konkurrenzsituation eines Keywords. Um nun sicherer zu gehen, dass die Konkurrenz tatsächlich niedrig ist, schauen wir uns die Konkurrenz-Webseiten genauer an.

****Basics zum Google-Suchmaschinen-Algorithmus**: Das Ziel ist wie gehabt viel kostenlosen Traffic über die Google-Suche auf deine Nischenwebseite bringen. Zu diesem Zweck ist es wichtig zu verstehen, was eine gute Webseite in den Augen von Google ausmacht. Es ist an dieser Stelle wichtig zu wissen, dass absolut niemand *zu 100%* weiß, wie Google eine Webseite bewertet bzw. wie der im Detail Suchmaschinen-Algorithmus arbeitet. Das ist wohl eines der am besten gehüteten Geheimnisse von Google, schließlich basiert hierauf ein wesentlicher Erfolg des Unternehmens. Zudem passt Google den Algorithmus stetig an. Durch ständige Weiterentwicklung wird die Bewertung einer Webseite durch den Suchmaschinen-Algorithmus von Update zu Update verbessert. Egal, was du von irgendwelchen selbsternannten Intergurus zu der Überlistung mit unseriösen Methoden liest, bilde dir stets deine eigene Meinung. Vertraue dabei auf ehrliche Tugenden. Ehrlich wehrt, wie man so schön sagt, am längsten und steht bei dem Aufbau eines *nachhaltigen* Online-Business an oberster Stelle.

Auch wenn niemand genau weiß wie der Algorithmus funktioniert ist auch klar, dass aufgrund von den Erfahrungen unzähliger Webseitenbetreibern, mittlerweile ein ganz gutes Verständnis zur Funktionsweise der Suchmaschine aufgebaut werden konnte. So gibt es einige Aspekte von denen mit relativ hoher Gewissheit gesagt werden kann, dass sich diese positiv auf das Ranking einer Webseite auswirken.

Um nun die Google-Suche grundlegend zu verstehen, brauchst du nicht viel mit Zahlen und dergleichen hantieren. Schaue dazu einfach in die Offline-Welt an und übertrage diese Denkweise auf die Internetwelt. Wie schätzt du ein, ob ein physisches Produkt oder eine Dienstleistung, die du vorher noch nicht getestet hast, deine Erwartungen erfüllen kann? Wird das Produkt, wie beispielsweise ein neues Smartphone, Motorrad, Notebook oder der aktuellste Blockbuster den Versprechungen des dahinterstehenden Unternehmens wirklich gerecht? Wird der Steuerberater bei dir um die Ecke oder der Grafikdesigner aus der Internetjob-Börse deinen Auftrag zu deiner vollständigen Zufriedenheit erfüllen? Das Stichwort um all diese Fragen zu beantworten lautet: *Empfehlungen*. Die allermeisten Menschen auf diesem Planten ziehen Erfahrungen und Meinungen von Verwandten, Freunden oder gar Wildfremden aus dem Internet für ihre Meinungsbildung heran. Man denke nur an die 5-Sterne-Bewertungen auf Amazon. Viele treffen ihre tatsächliche Kaufentscheidung durch diese Bewertungen. Ich selbst nehme mich von dieser Hilfe bei Entscheidungsfindung nicht aus, obwohl ich genau weiß, dass auch hier viele Fake-Bewertungen vorhanden sind. Es gilt, wenn es um Empfehlungen bzw. Bewertungen geht, schließlich abzuwägen, ob die Person aus deinem Freundeskreis oder der Wildfremde im Internet als *vertrauenswürdig* einzustufen stufen ist. Schließlich wirst du auf Grundlage dieser Einschätzung, das Für und Wider zu dem Kauf des Produktes bzw. der Dienstleistung abzuwägen.

Wie übertrage ich das Ganze nun auf die digitale Welt der Suchmaschine?

Es sind zwei Wörter gefallen, die von elementarer Bedeutung bei der Beurteilung eines Produktes bzw. Webseite sind. Die Rede ist von Empfehlungen und Vertrauen. Je mehr Empfehlungen eine Webseite hat, umso *hilfreicher* sind in der Regel die Informationen der Webseite zu dem jeweiligen Themengebiet. Hat eine Webseite viele Empfehlungen, so löst der Inhalt die Probleme der Suchenden häufig hervorragend. Diese hilfreichen Webseiten sollen leichter zu finden sein und stehen daher weiter oben im Ranking.

Wie kann ich das auf die Konkurrenzsituation übertragen, um somit einen weiteren Indikator zu erhalten?

Empfehlungen auf Webseiten werden im Wesentlichen durch *Backlinks* gegeben. Backlinks sind Links, die von anderen, externen Webseiten auf deine Nischenseite verweisen. Wenn jemand in dem Artikel „das optimale Equipment für eine Fahrradtour durch die Alpen“ auf deine Fahrrad-Nischenseite zur Auswahl eines guten Fahrrads verweist, hat deine Webseite eine Empfehlung in Form eines Backlinks erhalten. Viele solcher Links bewertet Google positiv, da du wahrscheinlich wertvolle Informationen bereitstellst. Wie du Backlinks erhältst, erfährst du im Bonus 1. An dieser Stelle reicht es zu wissen, dass sich Backlinks positiv auf das Ranking auswirken *können*.

Das Wort „können“ zeigt, dass es dabei auf einen weiteren wichtigen Aspekt ankommt. Wie im realen Leben stellt sich auch hier die Frage nach dem *Vertrauen*. Ist der Verwandte, der dir einen guten Steuerberater empfohlen hat, vertrauenswürdig bzw. kann seinem Urteil Bedeutung geschenkt werden? Das Gleiche Prinzip lässt sich nun auch auf die Webseite übertragen. Eine Webseite, die erst gestern erschaffen wurde und nun auf deine Webseite verlinkt, hat deutlich weniger Gewicht bei der Beurteilung des Vertrauens als eine große autoritäre Webseite, die es schon seit vielen Jahren gibt, wie beispielsweise Spiegel.de. Somit ist anstelle der schieren Anzahl von Backlinks viel wichtiger von *wem bzw. welcher Webseite* der Backlink tatsächlich stammt. Wenige Backlinks von großen oder mittel-großen autoritären Webseiten haben einen deutlich höheres Gewicht beim Ranking als viele Backlinks von kleinen Webseiten, insbesondere seit den letzten Suchmaschinen-Updates. Es gilt nun herauszufinden, ob deine direkte Konkurrenz starke Backlinks hat. Damit erhältst du neben dem Wettbewerb unter den Werbetreibenden einen weiteren Indikator für die Konkurrenzsituation.

***Schritt 1) Konkurrenz einschätzen durch Page Authority**: Um nun dazu eine Aussage treffen zu können, schaue dir die Backlinks der Konkurrenzseiten zu dem jeweiligen Keyword an. Hierfür gibt es zahlreiche kostenlose Tools, wie Majestic[16] oder Searchmetrics[17], die Backlinks einer Webseite auflisten können. Die meisten der kostenlosen Tools listen dir jedoch häufig nur eine geringe Anzahl von Backlinks. Erst in der kostenpflichtigen Variante bekommst du alle Backlinks zu sehen. Zudem gewährt Google selbst keine Einsicht in das Backlinkprofil einer fremden Webseite. Somit muss jedes Tool zum Anzeigen von Backlinks eine *eigene* Datenbank nutzen. Es kann also möglich sein, dass dir nicht die Gesamtheit aller Backlinks einer Webseite mit Hilfe dieser Tools angezeigt werden kann. Doch das ist auch gar nicht notwendig.

Für deine Nischenwebseite ist der Weg des manuellen Heraussuchens von Backlinks eines jeden Konkurrenten zu den zu untersuchenden Keywords viel zu aufwändig. Hierfür gibt es eine viel einfachere Methode, die ich dir für deine erste Nischenseite nun vorstelle.

Dabei beinhaltet die Methode zwei Faktoren, die dir auf einen Blick anzeigen, wie stark die Konkurrenz ist. Die Rede ist von der *Page Authority (PA)* und *Domain Authority (DA)*. Mit Hilfe dieser beiden Werte kannst du schnell und einfach die Stärke von Konkurrenzwebseiten bestimmen. Dabei wird die PA für jede

---

[16] https://de.majestic.com/
[17] http://suite.searchmetrics.com/de/research

Unterseite einer Webseite berechnet, also beispielsweise www.Welt.de/Börse. Demnach hat jeder Artikel, jede Seite und Kategorie einer Webseite eine eigene PA. Die DA spiegelt hingegen die Stärke der *Gesamtwebseite* wider, also alle Unterseiten zusammen genommen. So kann es beispielsweise vorkommen, dass eine starke Webseite mit einer hohen DA trotzdem auf einigen ihrer Unterseiten eine sehr geringe PA hat. Wenn nun exakt diese schwache Unterseite in der Google-Suche zu deinem Keyword verlinkt ist, kannst du selbst eine starke Webseite mit einer hohen DA im Ranking überholen. Somit ist für uns die PA der entscheidende Faktor zu Beurteilung der Stärke einer Webseite.

Welche Daten werden in der PA verarbeitet?

Als erstes beinhaltet die PA (und auch DA) neben der Qualität und zum gewissen Grad auch der Quantität von Backlinks einige weitere Aspekte, wie beispielsweise das Alter der jeweiligen Webseite. Je älter eine Webseite ist, umso stärker ist diese. Doch brauchst du das Alter der Webseite nicht überbewerten. Es gibt unzählige neue Seiten, die schnell ein gutes Ranking erreichen und 15 Jahre alte Webseiten verdrängen. Das Alter ist lediglich ein weiterer Faktor zur Berechnung der Gesamtstärke einer Webseite. Die Liste der relevanten Faktoren für die PA lässt sich noch um einige weitere Faktoren erweitern. Das ist für dich an dieser Stelle allerdings nicht von Belang. Alles was du wissen musst ist, dass in diesem Faktor viele wichtige Elemente erfasst werden, die zum Abschätzen der Stärke von Webseiten wichtig ist.

Kommen wir nun zu konkreten Zahlen. Die PA (und auch DA) wird von 0 bis 100 angegeben. Dabei stellt 100 das Maximum dar, wobei 0 demnach eine extrem schwache Webseite charakterisiert.

Es gibt einige Tools zum Anzeigen des PA. Kostenlos ist beispielsweise der sehr gute Open Site Explorer[18]. Noch einfacher und schneller funktioniert das Bestimmen der PA beispielsweise mit Long Tail Pro.

Verwende die folgenden Werte zur Einschätzung:

- **PA ist kleiner als 20**: sehr schwache Webseite. Ein Überholen im Ranking ist einfach.
- **PA liegt zwischen 20 und 30**: Mittelstarke Webseite. Ein Überholen im Ranking ist möglich.
- **PA liegt zwischen 30 und 35**: Mittelstarke bis starke Webseite. Ein näheres Untersuchen der Gesamtwebseite ist erforderlich.

Wie ermittle ich die Konkurrenzstärke mit der PA?

Das Vorgehen zum Erfassen der Konkurrenzstärke ist einfach erklärt. Führe dazu die folgende Schritte für deine *wichtigsten* Keywords (=hohes Suchvolumen) aus. In der Regel ist für eine Nischenseite die Untersuchung nur für ein bis drei suchstarke Keywords nötig.

1. Gib das Keyword in die *Google-Suche* ein.

2. Öffne die *ersten 10 Webseiten* der organischen Suchanzeige.

3. Kopiere nach und nach die URL's in das Eingabefeld von Open Site Explorer. Notiere jeweils die *Page Authority* in einer Excel-Tabelle.

4. *Speichere die Datei* in deinem Projektordner.

---

[18] https://moz.com/researchtools/ose/

5. Wiederhole Schritt 1 bis 4 bis du alle suchstarken Keywords abgearbeitet hast. Als suchstark gilt ein Keyword mit mindestens *10 Besuchern* pro Tag.

Für unsere Beispielnische gibt es nur ein suchstarkes Keyword „Fahrrad Test“. Demnach braucht lediglich ein Keyword in dieser Nische hinsichtlich der Konkurrenz untersucht werden. Nach Eingabe des Haupt-Keywords in die Google-Suche sehen die ersten 5 Plätze wie folgt aus:

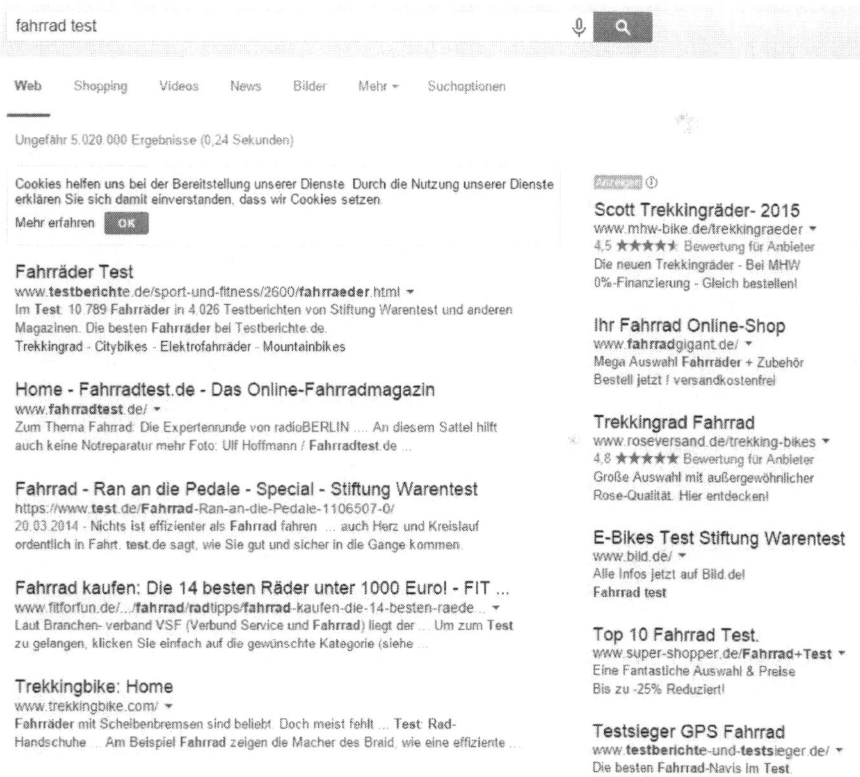

Die restlichen fünf Webseiten werden für eine bessere Übersichtlichkeit an dieser Stelle nicht abgebildet. Um nun in dem Bewertungsprozess fortzufahren, ist für jede Webseite der Top 10 die PA mit dem Open Site Explorer zu ermitteln. Für Position zwei

„www.fahrradtest.de“ ergibt sich das folgende Bild im Open Site Explorer:

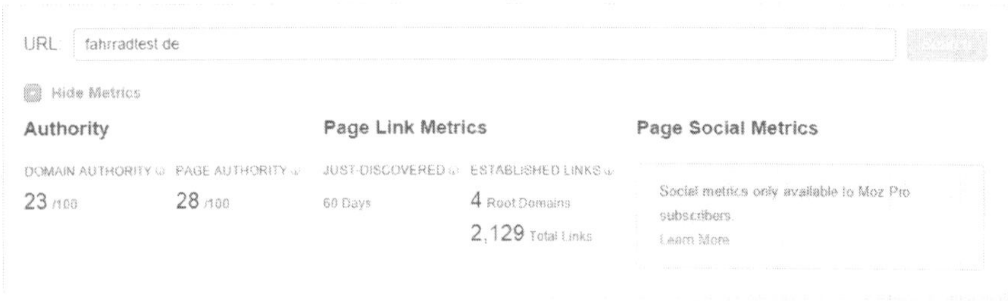

Die PA beträgt 28. Diese Webseite ist demnach eine mittelstarke Webseite. Ein Überholen im Ranking ist höchstwahrscheinlich machbar. Position 1 hat hingegen eine PA von 38. Diese Domain zu überholen wird nicht zuletzt aufgrund ihrer großen Autorität (lange am Markt und unzählige Unterseiten) deutlich schwieriger. Ein Erreichen von Position 2 ist wahrscheinlich machbar.

Zusammengefasst gibt dir die PA einen relativ guten Indikator um die Stärke deiner Konkurrenten in wenigen Schritten einzuschätzen. War es das also schon zur Konkurrenzanalyse? Nicht ganz. Zur optimalen Einschätzung ist es zusätzlich von Vorteil, das Alter der Webseiten mit in die abschließende Bewertung einzubeziehen.

***Schritt 2) Konkurrenz einschätzen durch Webseiten-Alter**: Das einzelne Betrachten des Alters der Webseiten zeigt uns, ob auch junge Seiten ein gutes Ranking erzielen können. Auch wenn in der PA das Alter enthalten ist, so ist diese Bewertungshilfe nur ein Faktor von vielen. Denn trotz niedriger PA einiger Konkurrenten kann es schwierig sein, eine 14 Jahre alte Domain zu überholen.

Zum kostenlosen Ermitteln des Webseiten Alters ist das Plugin SEOquake[19] aus dem Chrome Webstore hervorragend geeignet. Zur

[19] http://www.seoquake.com/

Installation benötigst du den Chrome Webbrowser. Nachdem das Plugin aktiviert ist, blendet sich oben eine Leiste mit allerhand Daten zu der gerade besuchten Webseite ein. Für dich ist an dieser Stelle der Punkt „Age“ zur Ermittlung des Alters der jeweiligen Webseite interessant.

Um nun zu beurteilen, ob es grundlegend möglich ist für eine *junge* Webseite, wie deine Nischenseite, nach vorne zu kommen, schaue dir die Webseiten der *Positionen 1 bis 20* in der Google-Suche an. Notiere dir in deiner Excel-Tabelle jeweils das Webseiten-Alter.

Sind in den Top 20 einige junge Webseiten mit einem Alter von weniger als 2 Jahren vertreten, dürfte ein Überholen in Kombination mit einer niedrigen PA von 35 (siehe Schritt 1) möglich sein. Jüngere Domains auf den vorderen Plätzen zeigen also, ob ein gutes Ranking für dein jeweiliges Keyword möglich erreichbar ist. Scheue dabei keinesfalls jüngere Konkurrenz-Webseiten, insbesondere Nischenseiten mit der gleichen Ausrichtung wie du sie anstrebst. Diese zeigen dir lediglich, dass dein Thema für eine Nischenseite taugt und es möglich ist zu dem Thema weit nach oben zu kommen im Ranking. Exakt diese Einschätzung ist ein wichtiger Aspekt in der Konkurrenz-Analyse. Das Webseiten-Alter ist demnach weiterer Anhaltspunkt um die Konkurrenz richtig einzuschätzen.

Für den Fall, dass ausschließlich ältere Domains (über 3 Jahre) in den Top 20 vertreten sind, ist eine gesonderte Beurteilung wichtig. Ein derartiges Szenario kann sowohl von starker Konkurrenz zeugen oder von einem Thema, zu dem es kaum junge Webseiten in den letzten Jahren gab. Um auf Nummer sicher zu gehen, baue in diesem Fall zu deinem Thema nur dann eine Nischenseite auf, wenn sich in den Top 10 der Google-Suche *mindestens* drei Webseiten mit einer PA von *weniger als 20* befinden. Dadurch wird sichergestellt, auch eine neue Webseite die Top 10 entern kann.

Du weißt nun also, dass sowohl der Wettbewerb in der Werbung, die PA und das Alter der konkurrierenden Top 20 Webseiten eine gute Hilfe zur Einschätzung der Konkurrenz sind. Stehen bis hier hin alle Zeichen auf Grün, ist es zur Beurteilung der Konkurrenz als letzten Schritt sinnvoll sich ein eigenes Live-Bild von jeder einzelnen Webseite der Konkurrenten zu machen.

***Schritt 3) Konkurrenz einschätzen durch manuelle Überprüfung**: Egal wie gut die rein rechnerischen Faktoren aussehen, es geht nichts über eine abschließende Live-Beurteilung der Konkurrenz-Webseiten. Im Folgenden zeige ich dir, wie du auch ohne viel Erfahrung eine verlässliche Aussage bei der manuellen Überprüfung treffen kannst.

Suche dir dazu sowohl zwei schwache als auch zwei mittel-starke Webseiten der Top 10 heraus. Nutze dafür die PA und das Webseiten-Alter zur Ermittlung dieser. Besuche jede Seite und lass zuerst einmal die Webseite auf dich wirken. Sieht die Webseite altbacken aus? Wird hier regelmäßig neuer Inhalt veröffentlicht? Notiere dir deine ersten Gedanken. Diese Eindrücke fließen dabei nur zu einem geringen Teil in die manuelle Beurteilung ein.

Viel wichtiger und eindeutiger ist für dich die Beurteilung des Inhalts. Wie viele Artikel hat die jeweilige Webseite? Wie lang sind die Artikel im Schnitt? Kopiere dazu den Inhalt in ein Word-Dokument und lasse dir die Wörteranzahl anzeigen. Beispielsweise stellen Webseiten mit insgesamt 10 bis 20 Artikel und einer durchschnittlichen Wortanzahl von 300 kein Problem zum Übertrumpfen dar.

***Konkurrenz-Beurteilung Schritt für Schritt**: Zusammengefasst gehe wie folgt vor um die Konkurrenz richtig einzuschätzen:

0. Konkurrenzstärke durch Wettbewerb in der Werbung: Schaue dir in Adwords zu jedem Keyword den Wettbewerb in der Werbung an. Notiere dir zusätzlich den jeweiligen CPC. Ein niedriger Wettbewerb und ein vorgeschlagene Gebot unter 0,30€ sind wünschenswert.

1. Konkurrenzstärke durch Page Authority analysieren: Analysiere die Top 10 zu deinen suchstärksten Keywords mit Hilfe der Page Authority (PA). Mindestens zwei Webseiten sollen eine PA von unter 30 haben (Fall 1). Zudem deuten einige Webseiten mit einem PA unter 20 auf eine konkurrenzschwache Nische hin (Fall 2). Haben hingegen die schwächsten Domains eine PA zwischen 30 und 35, sollen mindestens vier Domains dieser Stärke in den Top 10 der Google-Suche vertreten sein (Fall 3). Führe für diesen Fall die nächsten beiden Schritte besonders sorgfältig durch. Treffen keine dieser drei Bedingungen auf deine Nische zu, suche dir besser ein neues Nischenthema.

2. Konkurrenzstärke durch Alter der Webseiten: Schätze anhand des Alters der Webseiten zu deinen suchstarken Keywords ab, ob es auch für neue Webseiten möglich ist gut zu ranken. Bereits eine junge Webseite zu dem jeweiligen Keyword in den Top 10 kann darauf hindeuten, dass ein Erreichen der vorderen Plätze der Google-Suche möglich ist. Je mehr neue Webseiten (< 3 Jahre) in den Top 20 vertreten sind, umso besser. Scheue keine junge Konkurrenz.

3. Konkurrenzstärke durch Manuelle Sichtprüfung: Schaue dir die *zwei schwächsten und die zwei stärksten* Webseiten der Top 10 an. Führe die folgenden Unterschritte für die vier Webseiten durch.

3.1. Erscheinung: Bewerte den ersten Eindruck der Webseite. Design, Anordnung und Aktualität der Artikel. Wenige Bilder und Videos (jeweils weniger als 1) in den Artikeln sind ein Zeichen für einen schwachen Konkurrenten. Die Beurteilung des Eindrucks fließt zu *1/3* in die Einschätzung der Webseite ein.

3.2. Inhalt: Zähle die Gesamtartikel (solange es weniger als 40 sind) und ermittle die durchschnittliche Wörteranzahl pro Artikel. Eine Webseite mit weniger als **15 Artikeln und im Schnitt maximal 400 Wörtern** ist ein schwacher Konkurrent. Webseiten mit bis zu **40 Artikeln und weniger als 250 Wörtern** pro Artikel sind ebenfalls schwache Konkurrenten. Die Beurteilung der jeweiligen Webseite anhand des Inhalts fließt zu *2/3* in die Bewertung ein.

4. Bewertung der Konkurrenzstärke: Sind zwei der vier Webseiten schwache Konkurrenten und stehen die Zeichen von Schritt 0 (Werbung), Schritt 1 (PA) und Schritt 2 (Webseiten-Alter) auf Grün, hast du ein konkurrenzschwaches Keyword gefunden. Wiederhole Schritt 1 bis 4 für alle Haupt-Keywords. Erfüllen diese, in der Regel ein bis drei, wichtigen Keywords die Bedingungen der Schritte vollständig: Bingo! Du hast eine profitable Nische mit machbarer Konkurrenz gefunden.

Ergibt sich jedoch ein anderes Bild, scheue dich nicht davor dein Glück in einer anderen Nische zu finden. Nichts ist ärgerlicher als unzählige Stunden und Tage in den Aufbau des Inhalts der Webseite zu stecken um am Ende kaum in den Rankings zu steigen. Folge meinen Empfehlungen aus dem Schritt-für-Schritt-Plan und du wirst auf der sicheren Seite sein, auch wenn es keine eine 100%-Sicherheit für den Erfolg gibt.

Schnellstart: Schritt 2 kurz und bündig

Du wirst wahrscheinlich bemerken, dass die Recherchephase einiges an zeitlichen Aufwand erfordert. Möglicherweise fragst du dich, ob das nicht übersprungen werden kann und direkt mit der Webseitenerstellung losgelegt werden kann. Nun, das kannst du natürlich machen. Gute Rankings und ausreichende Besucher können sich auch mit einem Blindschuss einstellen. Doch die Chance ist relativ gering und ein Erfolg wäre Zufall. Die vorbereitende Arbeit ist das wichtigste um Erfolg zu haben. Schließlich legt eine gute Planung das Fundament für jedes erfolgreiche Projekt. Aus diesem Grund empfehle ich die ersten beiden Schritte besonders intensiv durchzuführen. Wähle im Negativfall besser nochmals ein anderes Nischenthema mit Schritt #1 und durchlaufe Schritt #2 erneut, als eine Nischenseite zu erstellen, die keinen nachhaltigen Erfolg verspricht. Mit etwas Geduld wirst du eine gute erste Nische finden. Diese muss keinesfalls perfekt sein. Solange du dich an die Vorgaben des bis hier hin gelernten hältst, weißt du mehr als die meisten Ersteller von Nischenseiten.

Du weißt nun, wie ein profitables Thema auszuwählen ist. Anschließend prüfst du, ob es sich lohnt hierfür eine Webseite zu erstellen und ob die Konkurrenz einen Erfolg zulässt. Um das bis hier hin erlernte Wissen aus Schritt #2 anzuwenden, gehe zusammengefasst wie folgt vor und lege den Grundstein für den Erfolg deiner ersten Webseite noch heute:

1. Keywords auswählen: Wähle 10 bis 20 profitable Keywords mit durchschnittlich mindestens 0,5 Besucher pro Tag aus.

2. Besucheranzahl bestimmen: Berechne die tägliche Besucheranzahl unter Berücksichtigung der Zielposition für jedes Keyword.

3. Verkaufswert pro Produkt: Schätze den durchschnittlichen Verkaufswert für deine Produkte ab.

4. Gewinn pro Produktverkauf: Multipliziere den durchschnittlichen Verkaufswert mit der Provision deines Partnerprogramms und erhalte den durchschnittlichen Gewinn für ein verkauftes Produkt.

5. Anzahl der Produktverkäufe: Schätze nun die Produktverkäufe pro Tag ab. Nimm dazu als minimale Konversionsrate 2% an. Multipliziere also die Besucheranzahl pro Tag mit 0,02 aus Punkt 2 und erhalte die durchschnittlichen Produktverkäufe pro Tag.

6. Gewinn pro Monat: Multipliziere den Gewinn pro Produkt (Punkt 4) mit der Anzahl der Produktverkäufe (Punkt 5). Das ergibt nun den täglichen Gewinn. Nimm diesen Wert mal 30 und erhalte den Monatsgewinn.

Als Grenze für eine gute Nische empfehle ich 200€ pro Monat. Bei geringem Erstellungsaufwand kann es sich lohnen, 150€ als Untergrenze anzusetzen.

6. Konkurrenz analysieren: Schätze die Konkurrenz zu deinen Haupt-Keywords mit dem Wettbewerb in der Werbung, der PA, dem Domain-Alter und der manuellen Prüfung ein. Für den Anfang sollte in deiner Nische keine zu große Konkurrenz vorherrschen. Bei anschließenden Projekten kannst du dich auch an etwas stärker umkämpfte Themen wagen.

7. Treffe eine Entscheidung: Abschließend gilt es nun eine Entscheidung für oder gegen deine Nische zu fällen, der alles entscheidende Schritt. Breits in Punkt 5 hast du festgestellt, ob deine Nische profitabel sein wird. Anschließend hast du in Punkt 6 die Konkurrenz eingeschätzt. Stehen insgesamt alle Zeichen auf Grün, so hast du ein gutes Thema gefunden. Bingo! Der Grundstein für den Erfolg ist gelegt und es kann mit dem letzten großen Schritt zur ersten Nischenseite fortgefahren werden.

Die zeitaufwändige, aber absolut notwendige Vorarbeit ist endlich erledigt. Wir bewegen uns endlich von der theoretischen Vorarbeit weg und fahren nun mit der Erstellung der Webseite fort. Dazu befüllen wir die Webseite mit Inhalt und geben ihr ein passendes Erscheinungsbild. Wie du das machst, erfährst du im nächsten Kapitel.

SCHRITT #3 – Der richtige Inhalt für deine Nischenseite

Wie geht es nun weiter? Nach Recherche und Überprüfung deines Nischenthemas geht es nun an die Inhaltserstellung. Du hauchst deiner Webseite leben ein und wirst anschließend die Früchte deiner harten Arbeit ernten. Dazu erkläre ich dir nun wie du deine Nischenseite erstellst und schließlich mit Inhalt befüllst.

Die Webseite optimal auf deine Zielgruppe abstimmen

Aufgrund deiner ausführlichen Vorarbeit kennst du bereits einige wichtige Eigenschaften deiner Zielgruppe wie beispielsweise durchschnittliches Alter und Interessen.

Um zu wissen wie die Nischenseite am idealsten auf deine Zielgruppe auszurichten ist, beispielsweise in Bezug auf das Design und den Inhalt, nutzte ich eine einfache Methode: den Besucher-Avatar. Ein ähnliches Vorgehen kennst du vielleicht aus dem Profiling der Polizei, wenn es um das Einschätzen von Straftätern geht. Hier wird ein detailliertes Profil der Zielpersonen erstellt, um beispielsweise den nächsten Schritt vorherzusagen. Derart detailliert braucht der Besucher-Avatar keinesfalls zu sein. Eine kurze Beschreibung erfüllt den Zweck völlig. Dazu wird ein Avatar erstellt, der die für uns *relevanten* Eigenschaften des *durchschnittlichen* Besuchers möglichst gut widerspiegelt.

Dieses Bild hilft dir den richtigen Ton und Stil sowohl bei der Erstellung der Webseite als auch beim Schreiben des Inhaltes zu finden. Mit dem Avatar sprichst du somit deine Zielgruppe optimal an. Nicht zuletzt wird die Verweildauer der Besucher deiner Webseite ansteigen und zudem das Vertrauen in die gesamte Webseite erhöht. Ein Besucher, der sich angesprochen fühlt und dessen Erwartungen erfüllt werden, ist viel eher geneigt einen Kauf zu tätigen. Mehr Verkäufe und schließlich ein höhere Gewinne resultieren aus diesem Vorgehen.

Wie erstelle ich nun einen guten Besucher-Avatar?

Überlege dir dazu, welche Eigenschaften den durchschnittlichen Besucher charakterisieren. Arbeite die folgende Checkliste durch, um die Besucher-Mehrheit richtig einschätzen zu können. Ungefähre Durchschnittswerte reichen dabei aus, um einen verlässlichen Besucher-Avatar zu erstellen:

- männlich/weiblich
- Alter
- Familienstand
- Finanzielle Situation
- Grund für den Kauf der beworbenen Produkte

- Hobbys
- Ängste, in Bezug auf das Produkt bzw. Nischenthema
- Hoffnungen und Wünsche
- Sonstige Charaktereigenschaften, die dir helfen deinen Besucher besser zu verstehen

Die Erstellung deines Besucher-Avatars sollte weniger als 20 Minuten in Anspruch nehmen. Gib deinem Besucher-Avatar anschließend einen Namen und stelle ihn dir vor deinem virtuellen Auge immer wieder bildlich vor. Je plastischer du dir den Avatar vorstellst, desto einfacher wird die Webseiten-Erstellung von der Hand gehen.

Das Erzeugen eines Besucher-Avatars ist eine großartige Möglichkeit deine Webseite und den Inhalt ideal auf deine Zielgruppe abzustimmen. Ohne Zweifel wirst du kaum alle Besucher gleichzeitig ansprechen können, da beispielsweise nicht jeder der durchschnittlichen Besucher männlich und 35 Jahre alt ist. Doch du triffst für die Mehrheit den idealen Ton und erhöhst dadurch den Gesamtgewinn signifikant.

Vor der eigentlichen Inhaltserstellung benötigst du noch eine Basis um den Inhalt zu veröffentlichen. Dazu gehört sowohl das Anlegen einer passenden Domain als auch die Auswahl des richtigen Servers für den Inhalt.

Die Grundlage für den Inhalt

Um deine Nischenseite für jedermann zugänglich zu machen, benötigst du einen Server. Anstatt selbst einen Server aufzusetzen und in den heimischen Gefilden laufen zu lassen, empfehle ich dir unbedingt einen Server zu mieten. Für vergleichsweise wenig Geld gibt es bei den sogenannten Shared-Hostern alles was du benötigst. Für den Start des Online-Business reicht ein Einsteiger-Tarif völlig aus. Meist mietest du dabei keinen ganzen Server. Stattdessen teilst du dir mit mehreren anderen Nutzern den gleichen Server. Sehr gute Erfahrungen habe ich mit All-Inkl[20] gemacht. Das günstigste Hosting kostet weniger als 10€ pro Monat. Dabei bietet All-Inkl einen ausgezeichneten Kundenservice und zuverlässige sowie schnelle Server. Auch wenn von dem Einsteigerpaket in Bezug auf Performance keine Wunder erwartet werden dürfen, reicht die Geschwindigkeit für deine erste Nischenseite mehr als aus. Hast du dein Online-Business weiter ausgebaut und betreibst mehrere Webseiten, kann jederzeit auf einen schnelleren Server umgezogen werden.

Neben dem Server, auf dem deine Webseite läuft, benötigst du auch eine Domain unter der deine Webseite erreichbar sein wird. Die Domain könnte beispielsweise www.Trekking-Rucksack-Infoportal.de lauten. Der Einsteiger-Tarif von All-Inkl bietet bereits drei Inklusiv-Domains. Für den Anfang reicht diese Domain-Anzahl völlig aus, sodass du mit dem Einsteiger-Paket bestens versorgt bist.

Tipp: Betreibst du in naher Zukunft einige weitere Webseiten und hast dadurch das Kontingent der Inklusiv-Domains aufgebraucht, ist der Kauf von weiteren Domains über den Hoster möglich. Etwas

[20] https://all-inkl.com/

günstiger fährst du jedoch mit speziellen Anbietern von Domains, wie beispielsweise Inwx[21]. Nach dem Anlegen der Domain kannst du schließlich die Domain auf deinen Server verweisen lassen, auch „aufschalten" genannt. Wie du das machst, erfährst du hier[22].

***Wahl der richtigen Domain**: Nun weißt du, welche Basis du benötigst um deine Webseite ins Internet zu bringen. Mit wenig finanziellen Einsatz und wenig Mühe kannst du diese online verfügbar machen.

Nun ist zu klären, wie ein guter Domain-Name für deine Webseite aussieht. Ein guter Domain-Name führt zu mehr Klicks und einem höheren Vertrauen. Um nun einen guten Namen zu wählen, gibt es prinzipiell zwei Möglichkeiten, die sich je nach Ziel der Webseite unterscheiden:

1. Exact-Match-Domain: Unter einer sogenannten Exact-Match-Domain verstehen wir eine Domain die das suchstärkste Keyword enthält. In dem Fahrrad-Beispiel ist das suchstärkste Keyword „Fahrrad Test". Die Domain könnte demnach www.fahrrad-test.de heißen, solange sie verfügbar ist.

Der Vorteil einer Exact-Match-Domain ist zum einen, dass Google auch noch heute einen Bonus für das Ranking zu dem in der Domain enthaltenen Keyword gewährt. Leider ist dieser Bonus seit den letzten Suchmaschinen-Updates geschrumpft, sodass der Ranking-Vorteil relativ gering ist.

Bedeutender ist bei der Wahl einer Exact-Match-Domain die Wirkung auf den Besucher. Gibt dieser beispielsweise „Fahrrad Test" in die Suchmaschine ein, werden Teile des Links sowie die

---

[21] https://www.inwx.de/

[22] http://www.justusbluemer.de/blog/bei-all-inkl-com-domains-aufschalten

Beschreibungen zu den Links mit dem enthaltenem Suchwort *fett* angezeigt.

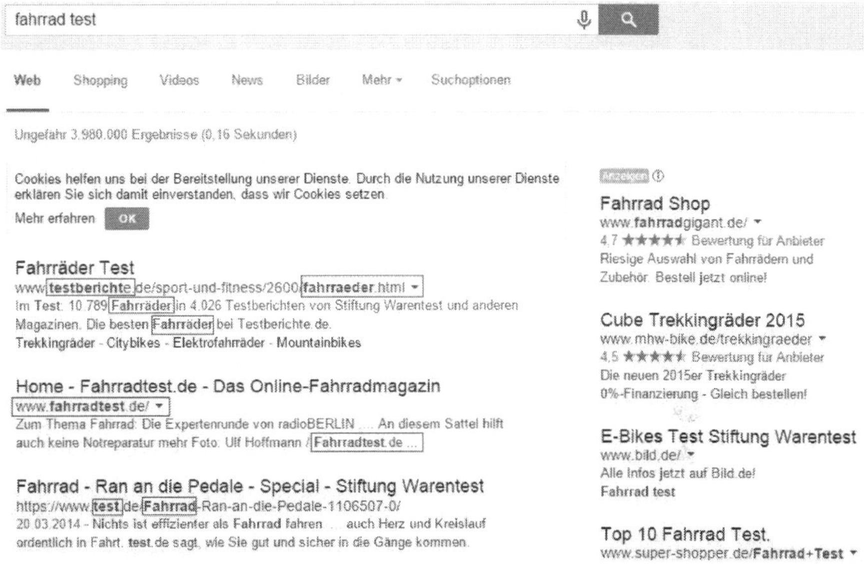

Die eingerahmten Felder zeigen die fett-markierten Stellen in den Links und Beschreibungen zu dem Keyword. Der Besucher ist durch hervorgehobene Wörter eher geneigt auf den Link zu klicken. Auf einen Blick kann der Besucher dabei abschätzten, was er von einem Klick auf eine Exact-Match-Domain höchstwahrscheinlich erwarten kann.

Für das Fahrradbeispiel könnte eine Exact-Match-Domain beispielsweise www.Fahrrad-Test.org heißen. Alle weiteren in Frage kommenden Domain-Endungen, auch Top-Level-Domains genannt, sind bereits vergeben. Probiere es in diesem Fall mit einer leichten Abwandlung des Domain-Namens. In dem Beispiel könnte die Domain beispielsweise „www.Fahrrad-Tester.de“, „www.Test-Fahrrad.de“ oder „www.der-Fahrrad-Test.de“ lauten. Hier gibt es einige Vor- und Nachworte sowie Wortkombinationen, die das Anlegen einer Exact-Match-Domain so gut wie immer ermöglichen.

Varianten für Exact-Match-Domains sind:

- Der-"Keyword", Die-"Keyword", Das-"Keyword"
- verändern der Wortreihenfolge bei Keywords mit mehreren Wörtern
- In Einzahl oder Mehrzahl ändern
- „Keyword"-Portal
- alles zusammenschreiben bei Keywords aus mehreren Wörtern
- Bindestrich zwischen den Wörtern bei Keywords aus mehreren Wörtern
- Kombinationen der aufgeführten Variationen

Für kleinere Nischenseiten empfehle ich eine Exact-Match-Domain anzulegen. Für größere Nischenseiten ist die folgende Variante besser geeignet.

2. Brand-Domain: Hast du vor deine Nischenseite in Zukunft stärker auszubauen und damit ein breiteres Spektrum deiner Nische abzudecken, empfiehlt sich eine Brand-Domain zu verwenden. Auf dieser größeren Nischenseite veröffentlichst du häufiger neue Inhalte beispielsweise zum Zubehör oder anderen, artverwandten Produkten. Im Fahrrad-Beispiel könnten somit beispielsweise Informationen über die besten Lichter, Schlösser, Ständer, Sattel oder Rennräder und Mountainbikes veröffentlichen werden, ohne für jedes Teilgebiet eine neue Nischenwebseite zu erstellen.

Für eine Brand-Domain wählst du beispielsweise einen allgemeineren und möglichst kurzen Begriff, wie „www.Fahrrad.de" oder „www.Fahrrad-Infobox.de". Da kurze und allgemeine Domains jedoch häufig vergeben sind, ist zumeist ein Fantasiename nötig. Halte ihn idealerweise kurz, sodass er leicht einprägsam ist. Eine autoritäre Webseite mit einer Brand-Domain zeigt, dass hier eine große Webseite mit viel Experten-Wissen zu dem Thema vorhanden ist. Das erweckt zum einen Vertrauen, sodass die Besucher viel eher zu einem anschließenden Kauf geneigt sind. Zum anderen bevorzugt Google derartige größere Webseiten. Das spiegelt sich schließlich in besseren Rankings derartiger Brand-Webseiten wider. Hast du also vor in Zukunft noch zahlreiche weitere Themengebiete deiner Nische mit der Webseite zu erschließen, empfehle ich die Verwendung einer Brand-Domain.

Am Ende kannst du sowohl mit einer großen oder vielen kleinen Nischenwebseiten einen guten Gewinn erzielen. Die Frage lautet an dieser Stelle also, ob du in deiner Nische vor hast noch weitere Teilgebiete abzuarbeiten, oder dich anschließend einer gänzlich anderen Nische zuwenden willst. Beide Varianten funktionieren sehr gut, sodass es bei der Auswahl auf deine persönlichen Ziele und auch Interessen ankommt. Treffe diese Entscheidung in Ruhe und lege anschließend deine Domain an.

****die richtige Domain-Endung**: Für welche Variante du dich auch entscheidest, auf Inwx.de kannst du überprüfen, ob deine Wunsch-Domain noch frei ist. Gib dazu den Domain-Namen in das Suchfeld ein. Nun erhältst du eine Liste von Domains mit verschiedenen Endungen, also z.B. www.wunschwort.de, www.wunschwort.com und weitere Varianten mit verschiedenen Top-Level-Domain-Endungen. Im Idealfall sollte deine Domain mit .de, .com, .info, .net oder .org enden. Der Grund für das Verenden eine dieser Domainendungen liegt in dem Vertrauen. Die meisten Internet-Benutzer stellen diesen Top-Level-Endungen vergleichsweise viel Vertrauen aus. Die wenigsten glauben an seriöse Informationen wenn eine Domain beispielsweise auf .me oder .biz endet. Verwende demnach allgemein bekannte Domain-Endungen für deine Nischenseite. Dadurch wird das Vertrauen in deine Webseite erhöht, das unweigerlich zu mehr Besuchern führt.

Nachdem du einen passenden freien Domain-Namen gefunden hast, lege in der Administrationsumgebung deines Servers die Domain an. Nach einigen Tagen wird deine Domain registriert sein. Fahre dann mit dem nächsten Kapitel fort und hauche deiner Webseite Leben ein.

Das Grundgerüst mit Wordpress

Nachdem die Domain-Registrierung erfolgreich durchgeführt wurde, gilt es nun die Webseite zu erstellen. Dafür muss eine geeignete Software-Basis gewählt werden, die es dir ermöglicht den Inhalt schnell und einfach in ansprechender Erscheinung zu veröffentlichen. Als Standard hat sich mittlerweile Wordpress etabliert. In der Grundfunktion ist Wordpress komplett kostenlos und bietet zudem ein einfach zu bedienendes Backend (Administrationsbereich deiner Webseite). Diese beliebte Webseiten-Basis ist äußerst benutzerfreundlich und sowohl für Einsteiger als auch Profis hervorragend geeignet.

Ein wesentlicher Pluspunkt von Wordpress sind die unzähligen Erweiterungen in Form von Plugins sowie Möglichkeiten der Webseite schnell und einfach in ein passendes Design zu kleiden. Dafür gibt es eine riesige Anzahl von Themes, die deiner Webseite ein einheitliches und professionelles Design ermöglichen. Somit brauchst du dich weder mit Webseiten-Programmierung und CSS auskennen, noch sonstige Design-Techniken beherrschen. Die Themes sind sowohl kostenlos als auch kostenpflichtig auf diversen Webseiten erhältlich. Sehr gute kostenpflichtige Themes und auch Plugins sind beispielsweise auf Codecanyon[23] oder Mythemeshop[24] zu finden. Auf Wordpress.org[25] sind hingegen viele kostenfreie Plugins und Themes zu finden. Daneben gibt es im Netz noch viele weitere Anlaufstellen für Themes und Plugins.

---

[23] http://codecanyon.net/
[24] https://mythemeshop.com/
[25] https://wordpress.org/

Wähle möglichst ein Theme das eine integrierter Bewertungsfunktion bietet. Diese Funktion ermöglicht dir Produkttest inklusive einer zusammenfassenden Bewertung zu erstellen, beispielsweise in Sterneform oder Prozentsätzen. Die Besucher mögen derartige Zusammenfassungen und sind somit eher geneigt anschließend einen Kauf über deinen Affiliate-Link zu tätigen. Themes die eine Bewertungs-Funktion integriert haben sind beispielsweis das Splash-Theme[26] von Mythemeshop oder Jarida[27] von TieLabs. Solltest du bereits ein schönes Theme gefunden haben, das allerdings keine integrierte Bewertungsfunktion bietet, kannst du dies auch mit diversen Plugins nachrüsten. Das kostenlose Plugin WP Product Review[28] ist für derartige Zwecke geeignet und im Vergleich zu den vielen kostenpflichtigen Bewertungsplugins völlig ausreichend.

Diese Flexibilität durch einfache Erweiterbarkeit ist einer der Gründe weshalb Wordpress so weit verbreitet ist und immer beliebter wird, egal ob im Hobby- oder Profibereich. Wähle jetzt ein Theme das zu deinem Besucher-Avatar passt und fahre mit der Installation der Nischenseite fort.

***Installation der Nischenseite**: Nach der Theme-Auswahl wird nun die Wordpress-Seite aufgesetzt. Bei einigen Hostern geht das besonders einfach von der Hand. Im Backend des Servers kann mit einigen wenigen Mausklicks die Installation von Wordpress veranlasst werden. Am Beispiel All-Inkl sind dazu die folgenden Schritte auszuführen:

---

[26] https://mythemeshop.com/themes/splash/
[27] http://themes.tielabs.com/?theme=jarida
[28] https://wordpress.org/plugins/wp-product-review/

1. Logge dich mit deinen Zugangsdaten im Administrationsbereich[29] ein.

2. Navigiere zu Tools > Software-Installation.

3. Wähle Wordpress und deine bereits registrierte Domain aus den Dropdown-Menüs aus.

4. Trage nun einen Benutzernamen und eine sichere Email-Adresse ein. An diese Email-Adresse wird anschließend dein Benutzername und dein Passwort zum Einloggen verschickt. Klicke nun auf „weiter".

5. Folge den restlichen Anweisungen.

In wenigen Minuten ist die Installation abgeschlossen. Nun kannst du dich mit den Daten einloggen, die du per Email erhalten hast. In dieser Email ist auch der Link zum Einloggen enthalten, der so aussieht: „deine-Domain.de/wp-admin". Speichere diesen Link als Lesezeichen in deinem Browser, um schnell auf den Administrationsbereich der Webseite (Backend) zugreifen zu können.

Hinweis: Sollte dein gewählter Hoster keine integrierte Wordpress-Installation bieten, kann dies auch manuell in wenigen Schritten durchgeführt werden. Eine gute Anleitung ist beispielsweise hier zu finden[30].

Nach der Installation von Wordpress, gib deine Domain in die Browser-Adressleiste ein. Du wirst zum jetzigen Zeitpunkt nur eine sehr rudimentäre Webseite vorfinden, die weder sonderlich chic

---

[29] https://kas.all-inkl.com/

[30] http://codex.wordpress.org/Installing_WordPress

noch mit ansprechendem Inhalt gefüllt ist. Außer einer Beispielseite ist nicht viel zu sehen. Das wird im weiteren Verlauf noch geändert.

***Die passende Optik mit einem Theme**: Nun gilt es allerdings erst dein gewähltes Theme hochzuladen und zu aktivieren, um deiner Webseite zu einem ansprechenden Äußeren zu verhelfen. Logge dich dazu in das Backend mit deinen Zugangsdaten ein.

Bei dem Kauf bzw. kostenlosen Download deines Themes hast du eine Zip-Datei erhalten, in der alle relevanten Dateien deines Themes enthalten sind. Dieses Paket wird nun auf deine Webseite hochgeladen:

1. Navigiere zu Design>Theme.

2. Klicke oben auf Installieren und anschließend auf Theme hochladen.

3. Wähle nun die Zip-Datei von deinem Rechner aus und lade das Theme hoch.

4. Navigiere wieder zu Design>Theme, fahre mit der Maus über dein Theme und klicke auf aktivieren bzw. activate.

Das war es schon. Nun hast du deiner Webseite einen neuen Look gegeben. Der Unterschied sollte bereits jetzt im Vergleich zum Standard-Theme erkennbar sein, auch wenn durch den wenigen Inhalt noch viele Elemente fehlen.

Hinweis: Kostenlose Themes können auch im Backend unter „Design>Theme>Installieren“ gewählt werden. Wordpress schlägt hier dir unzählige kostenlose Themes vor. Mit etwas Geduld lässt sich das ein oder andere gute Theme für den Start der Nischenseite finden.

Bei den meisten Themes hast du nun die Möglichkeit einige Design-Anpassungen vorzunehmen. Das Splash-Theme bietet beispielsweise Möglichkeiten zur Anpassung der Menüfarbe, des Hintergrundes, sowie der Schriftart und Schriftgröße. Diese Grundeinstellung findest du in den allermeisten Themes. Darüber hinaus gibt es häufig noch viele weitere Einstellmöglichkeiten, die sich von Theme zu Theme stark unterscheiden können. Für den Anfang reichen die beschriebenen Grundeinstellungen jedoch völlig aus, um das Design noch besser an den Besucher-Avatar anzupassen.

Ist dein Avatar jung und dynamisch, so darf die Gestalt beispielsweise mehr Farbe, eine modernere Schriftart usw. erhalten. Ist das Thema hingegen konservativer Natur und zielt auf die ältere Generation ab, so ist weniger oft mehr. Ein sachliches und klares Design ist hierbei meist zu bevorzugen. Überlege dir welche Farben, Schriftarten und Schriftgrößen dein Avatar bei dem Besuch der Webseite erwartet und erzeuge somit eine Webseite, die deine Zielgruppe optimal anspricht.

***Der letzte Optikfeinschliff durch ein eigenes Logo**: Zu einer guten und einprägsamen Präsentation deiner Webseite gehört neben dem Theme als letztes Optik-Häppchen ein ansprechendes Logo. Die meisten Themes bieten die Möglichkeit ein Schriftlogo zu erstellen. Für die ersten Gehversuche ist das sicherlich ausreichend und tut auch seinen Dienst.

Besser ist allerdings die Verwendung eines eigenen Bildlogos, um der Webseite einen professionelleren Look zu geben. Solltest du kein Grafikdesigner sein, empfehle ich auf jeden Fall das Logo extern erstellen zu lassen. Aufgrund der unzähligen Design-Dienste da draußen, lässt sich diese Aufgabe heutzutage relativ unkompliziert outsourcen. Auf Fiverr[31] findest du beispielsweise zahlreiche Grafiker, die dir ein Logo für 5$ erstellen können.

Um ein gutes Logo zu erhalten, ist die Beschreibung das A und O. Erkläre dem Grafiker klar und einfach wie die Zielgruppe aussieht. Dabei gebe ich diesem entweder einen Link zu meiner Seite oder erkläre welche Hauptfarbe auf der Webseite verwendet wird. Häufig ist dies die Menü- oder Linkfarbe.

Mache dir zudem im Vorfeld Gedanken zu dem gewünschten Logo-Aufbau, da es einige verschiedene Möglichkeiten gibt. Eine gute Variante ist ein einprägsames Bild/Symbol/Zeichen oder sonstiges Grafikelement auf der linken Seite. Rechts daneben steht schließlich der Webseiten-Name in Textform, wie „Fahrrad-Tester.de“ oder „Fahrrad-Tester“. Darunter kann in kleineren Buchstaben und in einer anderen Farbe optional ein Slogan untergebracht werden. Dieser könnte in dem Fahrrad-Beispiel „Test, Tipps und Wissenswertes“ oder „Das Portal für Fahrrad-Tests“ lauten. Den von mir gewünschten Logo-Aufbau und den genauen Wortlaut teile ich ebenfalls dem Designer mit. Beschreibe also *alle* relevanten Fakten und Wünsche so detailliert wie möglich. Das Endergebnis wird dadurch umso besser und viel eher deinen Vorstellungen entsprechen, als mit einer schwammigen Logo-Beschreibung.

Natürlich darfst du für diesen niedrigen Preis keine Wunder auf Fiverr erwarten. Für 5$ wird sich niemand ein Bein ausreißen. Eine professionellere aber auch teurere Möglichkeit ist beispielweise das Logo auf 99Designs[32] in Auftrag zu geben. Derartige professionellere Services verwende ich häufig allerdings nur für größere Projekte. Für eine kleine Nischenseite reicht die Qualität

---

[31] https://www.fiverr.com/

[32] http://99designs.de/logo-design

von Fiverr in der Regel vollkommen aus, um deiner Webseite zu mehr Professionalität zu verhelfen.

Um die Qualität des Logos zu steigern, ordere ich bei mindestens drei Designern das gleiche Logo. Von den drei Entwürfen suche ich mir anschließend das beste Logo aus und speichere mir den Designer für zukünftige Aufträge ab.

Durch ein Logo erhält deine Webseite einen ausgezeichneten Widererkennungswert. Gerade auf größeren Nischenwebseiten bzw. Webseiten mit einer Brand-Domain macht ein gut designtes Logo einen gewaltigen Unterschied in der Außenwirkung.

***Erweiterung durch Plugins**: Neben der grafischen Gestaltung einer Webseite mit Themes und Logos gehören zu dem Grundgerüst noch einige Erweiterungen, die Wordpress in der Grundfunktion nicht bietet. Hierfür gibt es zahlreiche Plugins, von denen ich dir meine Empfehlungen für eine Nischenseite im Folgenden vorstelle. Einige sind kostenlos und andere sind für wenig Geld zu haben. Durch einen Unterstrich sind die absoluten Must-Have-Plugins hervorgehoben:

- **Antispam Bee** (kostenlos) – keine Spams in Kommentaren. Nur nötig, falls du Kommentare unter den Beiträgen zulässt.
- **Social Locker** (kostenpflichtig) – Freigabe von Blöcken des Inhalts nur durch Teilen in den sozialen Netzwerk. Macht nur bei rein informativen Texten Sinn.
- **Wordpress Backup** (kostenlos) – Automatisiertes Backup des Inhalts in selbstfestgelegten Zeiträumen.
- **WordPress SEO** (kostenlos) – Nützliche SEO-Einstellungen und mehr.
- **Shareholic** (kostenlos) – Share Bar zum einfachen Teilen der Beiträge in den sozialen Netzwerken.

- **Ultimate Social Deux** (kostenpflichtig) – Eine weitere Share Bar mit zusätzlichen nützlichen Einstellungen.
- **Facebook Page Promoter Lightbox** (kostenlos) – Facebook Follow Box. Eine Facebook, G+ oder Twitter-Seite macht meist nur bei größeren (Nischen-)Webseiten Sinn.
- **MailChimp for WordPress Lite** (kostenlos) – Aufbau von Emaillisten. Nur für größere Nischenseiten sinnvoll.
- **TablePress** (kostenlos) – Sortierbare Tabellen. Besonders für Vergleiche und übersichtliche Zusammenfassung von Eigenschaften der Produkte geeignet.
- **Q2W3 Fixed Widget** (kostenlos) – Fixierung von ausgewählten Sidebar-Widgets beim Scrollen.
- **Plugin: Kontakt** (kostenlos) – Ein einfaches Kontaktformular.
- **Google XML Sidemap** (kostenlos) – Schnelleres Indexieren der einzelnen Beiträge durch Google Robots.
- **Extensive Recent Posts Widget** (kostenlos) – beliebige Beiträge mit Bild in Sidebar vorstellen.
- **EasyAzon** (kostenpflichtig) – Einfacheres Einpflegen von Amazon-Affiliate-Links in Texte und Bilder.
- **AmazonSimpleAdmin** (kostenlos) – Amazon-Affiliate-Links und Produktboxen erzeugen.
- **Author Product Review** (kostenlos) – Anzeigen von Sternebewertung in der Google-Suche. Durch das Auffallen in der Google-Suche klicken mehr Besucher auf deinen Webseiten-Link.
- **Shortcode Ultimate** (kostenlos) – Sammlung nützlicher Elemente um den Inhalt mit Bildern, Videos, Info-Boxen, Tabellen und noch vielem mehr anzureichern.
- **WP Product Review** (kostenlos) – Zusammenfassende Bewertung. Bietet das Theme keine Bewertungsmöglichkeit, ist dieses Plugin ein absolutes Muss.

Affiliate Nischenseiten benötigen nicht unbedingt Social Media Elemente, nur bei größeren Projekten und vielen Besuchern machen derlei Erweiterungen Sinn. Viele Social-Media-Signale, in Form von Zahlen neben den Teil-Buttons, erhöhen das Vertrauen der Besucher in die Webseite und führen damit eher zum Kauf über deinen Affiliate-Link. Hingegen sinkt das Vertrauen, wenn der Besucher feststellt, dass die Beiträge kaum oder gar nicht geteilt werden. Verzichte zumindest anfangs auf derartige Elemente, gerade bei kleineren Nischenseiten mit relativ wenigen Besuchern. Mit steigender Besucheranzahl können auch Social-Media-Buttons hinzugefügt werden. Achte jedoch anfangs darauf *keinen Zähler* neben den Buttons einzublenden. Sollten bereits einige Besucher die Beiträge geteilt haben, kann der Zähler angeschaltet werden. Damit umgehst du, dass am Anfang überall nur eine „0“ als Stand für das Teilen in jedem Button steht.

Für kleinere Nischenseite empfehle ich zudem die Kommentarfunktion auszuschalten. Unter „Einstellungen>Diskussion“ findest du die entsprechende Einstellung „Erlaube Besuchern, neue Beiträge zu kommentieren“. Bei größeren Nischenseiten ist die Kommentar-Funktion hingegen sinnvoll.

****Plugin-Installation und Konfiguration**: Die Installation der Plugins geht ähnlich leicht von der Hand wie die Theme-Installation. Navigiere dafür zu „Plugins>Installieren“ und gib in das Suchfeld den Plugin-Namen ein. Die allermeisten kostenlosen Plugins sind hier zu finden. Kostenpflichtige Plugins werden hingegen wie die Theme-Dateien als Zip-Datei hochgeladen. Klicke dazu oben auf den Link „Plugin hochladen“ und wähle anschließend die entsprechende Plugin-Zip-Datei aus. Wiederhole den Schritt für alle Plugins, sodass deine Nischenseite um die wichtigsten Funktionen ergänzt wird.

Anschließend gilt es die Plugin zu konfigurieren. Dabei taucht jedes installierte Plugin an verschiedenen Orten im Menü des Backends auf. Einige sind unter dem Menüpunkt Einstellungen zu finden, andere erhalten hingegen einen eigenen Hauptmenüpunkt. Arbeite dich durch jede Plugin-Konfiguration und passe die Plugins an deine Bedürfnisse sowie den Besucher-Avatar optimal an.

Abschließend empfehle ich im Zug der Plugin-Installation noch das Durcharbeiten der gewöhnlichen Wordpress-Einstellungen. Dabei sind die meisten Punkte selbsterklärend. Die wichtigste Einstellung befindet sich hier unter „Einstellungen>Permalinks“. Ändere die Permalinkstruktur auf den Punkt auf „Beitragsname“. Damit wird der Titel jeder Unterseite in den Link miteingebunden, was dem Ranking der Unterseite zu Gute kommt.

Nach der Installation und Konfiguration der Plugins sowie dem Festlegen der grundlegenden Einstellungen steht das Grundgerüst und es geht nun als nächstes an die Inhaltserstellung.

Fülle deine Webseite mit Inhalt

Die Basis deiner Webseite steht. Nun widmen wir uns der Erstellung des Inhalts. Hierbei gilt es ansprechende Texte zu erzeugen, die deinem Besucher-Avatar hilft sein Problem schnell zu lösen, sodass dieser im Idealfall anschließend einen Kauf tätigt.

Erstelle den Inhalt zu mindestens zweidrittel aus Texten, die auf einen Kauf mittels deiner Affiliate-Links abzielen. Lege auf diese verkaufenden Texte das Hauptaugenmerk, da hiermit dein Gewinn erzielt wird.

Das restliche Inhaltsdrittel kann aus hilfreichen Tipps, Tricks und wissenswerten Informationen rund um dein Nischenthema bestehen. Dadurch strahlt deine Webseite Autorität aus und du wirst als Experte wahrgenommen. Das schafft Vertrauen und führt zu mehr Käufen über deine Affiliate-Links. Zudem, und das ist der eigentliche entscheidende Aspekt, gelangen durch umfangreiche Texte umso mehr Besucher über die Suchmaschine auf deine Webseite. Jedes geschriebene Wort ermöglicht neue Wortkombinationen über denen deine Webseite gefunden werden kann. Insbesondere die Longtail-Keywords führen zu einer großen Anzahl zusätzlicher Besucher.

Eine Übersicht aller notwendigen Texte, die deine Webseite enthalten sollte, findest du in folgender Checkliste:

1. Impressum und Datenschutzerklärung: Jede Webseite muss ein Impressum und eine Datenschutzerklärung beinhalten. Verstöße oder unvollständige bzw. falsche Rechtstexte können eine Abmahnung nach sich ziehen. Eine professionelle Quelle von kostenlosen Rechtstexten ist Erecht24[33]. Hier können die wichtigen

Rechtstexte durch einen Konfigurator in wenigen Schritten erstellt werden. Damit befindest du dich auf der sicheren Seite. Abonniere zudem auch noch den Newsletter von Erecht24, um bei geänderten Gesetzen auf dem Laufenden zu bleiben. Das ermöglicht dir das schnelle Anpassen der Rechtstexte.

2. direkte Verkaufstexte: Sollen ca. zweidrittel des Gesamtinhalts ausmachen. *Testberichte, Vergleiche* oder *eigene Erfahrung* mit dem jeweiligen Produkt. Jede Information mit einem *wirklichen* Mehrwert für den Besucher, der ihm beispielsweise die Produktwahl erleichtert, ist sinnvoll.

3. zusätzliche Informationen: Entspricht dem restlichen Drittel des Gesamtinhalts. Hilfreiche Tipps und sonstige Informationen rund um das Nischenthema. Besonders beliebt sind DIY-Informationen.

Erstelle die Texte für deine Nischenseite in dieser Reihenfolge. Beginne zuerst mit den Rechtstexten.

***Rechtstexte veröffentlichen**: Das Impressum und die Datenschutzerklärung sind in weniger als 15 Minuten mit Hilfe eines Generators erstellt. Nachdem du die beiden Rechtstexte generiert hast, gehe in das Backend deiner Webseite und veröffentliche die beiden Texte als „Seite“. Navigiere dazu auf „Seiten>Erstellen“. Füge nun in diese beiden Seiten jeweils den Text vom Generator ein und veröffentliche diese durch Klicken auf den Button „Veröffentlichen“.

Die Rechtstexte müssen jedem Besucher zu jederzeit zugänglich sein. Das geht am besten indem die Texte in das Menü eingefügt werden. Jede Webseite hat ein Hauptmenü. Dort werden wichtige

---

[33] http://www.e-recht24.de/impressum-generator.html

Menüpunkte untergebracht, die zum „Verkauf“ deiner Produkte führen. Welche Elemente dort untergebracht werden sollten, erfährst du im weiteren Verlauf der Texterstellung. Neben den Hauptmenüs bieten die meisten Themes auch die Option auf ein Untermenü. Das befindet sich häufig am unteren oder oberen Ende der Webseite. Im Splash-Theme ist das Untermenü beispielsweise über dem Logo zu finden. Seiten bzw. Menüpunkte die jederzeit zugänglich sein müssen und dabei jedoch wenig wahrgenommen werden sollen, sind in dem Untermenü einzufügen. Damit können die wesentlichen Informationen – die Verkaufstexte – ins Hauptmenü eingefügt werden, sodass diese besser wahrgenommen werden und einfacher zugänglich sind. Bringe also in das Untermenü das Impressum und die Datenschutzerklärung unter. Zudem kann hier eine auch die Kontaktseite verlinkt werden. Wechsle dafür zu „Design>Menüs“ und füge die beiden Rechtstext-Seiten dem Untermenü hinzu. Ist in deinem Theme kein Untermenü vorhanden, füge die beiden Texte in das Hauptmenü ein.

***Affiliate-Inhalt erstellen**: Nun geht es an die Erstellung des verkaufenden Inhalts gemäß Punkt 2. Dafür werden 10 bis 15 informierende Texte *beliebter* Produkte aus deiner Nische benötigt. Wenn du selbst keine bzw. wenig eigene Erfahrungen mit den Produkten deiner Nische hast, gehe auf Amazon und gib nun dein Nischenhauptwort ein. In dem Beispiel wäre das „Fahrrad“. Nun werden einige Fahrräder aufgelistet, die beliebtesten zuerst. Gehe auf eine beliebige Produktseite und scrolle zu den „Produktinformationen“. Hier ist der „Amazon-Bestseller-Rang“ zu finden. Klicke nun auf die Ebene des Links, der für deine Nischenprodukte interessant ist. So gelangst du zu den Bestsellern der jeweiligen Unterkategorie. Das ermöglicht dir auf einen Blick zu erkennen, welche Produkte aus deiner Nische besonders beliebt sind und häufig gekauft werden.

Schaue dir dabei jeden einzelnen Artikel der Bestsellerliste im Detail an. Wähle hiervon die 10 bis 15 besten Produkte für deine Nischenseite aus.

Zu diesen Produkten erstellst du nun jeweils einen informierenden Text. Nutze hierfür die Informationen, die in der Amazon-Beschreibung vorhanden sind. Sollten dort nur spärlich Informationen zu finden, suche auf der Herstellerwebseite oder in einem anderen Online-Shop nach detaillierteren Produktinformationen. Neben den reinen technischen Informationen sind in den Kommentaren viele Vorteile oder Nachteile zu finden. Diese Einschätzungen sind für deine informierenden Texte eine wahre Goldgrube. Was ist an dem Produkt X besonders gut oder schlecht? Wie verhält sich das Produkt nach mehrmaligem Gebrauch und hält der Hersteller was er laut seinen Daten verspricht? All diese Erfahrungen verbessern deine informierenden Texte um ein Vielfaches.

Erzeuge dafür einen Produkttext der aus ca. 800 bis 1000 Wörter besteht. Je mehr Wörter verwendet werden, desto mehr Besucher wird deine Webseite erhalten. Nur in Ausnahmenfällen, wenn dein Produkt beispielsweise wenige Merkmale aufweist und damit keine *langen* informierenden Texte möglich sind, kannst du auch kürzere Texte erstellen. Allerdings stellen 500 Wörter auch für diesen Fall die absolute Untergrenze dar. Wenig erfolgreiche Nischenseiten haben häufig nur kurze Texte mit 200 bis 300 Wörtern, selbst bei komplexen Produkten. Die Länge der Texte trennt die Spreu vom Weizen. Erstelle also unbedingt längere Texte, auch wenn es viel Arbeit kostet. Es zahlt sich auf lange Sicht doppelt und dreifach aus. Ziehe dabei jedoch die Texte nicht künstlich in die Länge. Wirklich hilfreiche und detaillierte Informationen sind das A und O. Der Besucher soll lange auf der Webseite verweilen und muss am Ende seiner Recherche das Gefühl haben alles Wichtige zu wissen, um eine zügige Entscheidung basierend auf diesen Informationen treffen zu können.

Jetzt geht es an das Schreiben der Texte. Um nun dabei den richtigen Ton zu treffen, verwende den Besucher-Avatar. Stelle dir vor welchen Stil und Ausdruck dieser bei seiner Suche erwarten wird. Fällt dir diese Einschätzung schwer, keine Bange! Du kannst für den Anfang auch einfach deinem Stil nutzen und drauf los schreiben. Du wirst dann u.U. nicht den idealsten Ton treffen, doch das hat keine dramatischen Einflüsse. Gerade bei der ersten Nischenseite ist das Ziel erst einmal zu starten und Erfahrung aufzubauen. Die Feinheiten kommen mit fortschreitender Übung von alleine. Wenn es dir also schwer fällt für deinen Avatar den richtigen Schreibstil zu finden, verfasse die Texte in deinem eigenen Stil.

Um den Text nun auf deine Webseite zu bringen, erstellst du für jedes Produkt einen einzelnen „Beitrag“. Wechsle dazu im Wordpress-Backend auf „Beitrag>Erstellen“. Die Oberfläche gleicht bis auf wenige Unterschiede der Seiten-Erstellungs-Umgebung, in der das Impressum, Datenschutz und weitere Texte hinterlegt wurden. Fange nun direkt mit dem Erstellen des ersten informierenden Textes für ein Produkt an. Solange du an dem Text arbeitest und noch nicht gänzlich fertig bist, nutze regelmäßig die Speichern-Funktion. Wordpress erstellt bei jedem Speichervorgang eine neue Revision deines Textes. Du kannst anschließend jederzeit zu einem älteren Stand zurückkehren, falls du mit dem neuesten Ergebnis unzufrieden bist. Ein Klick auf „Vorschau“ ermöglicht dir zudem jederzeit einen Blick auf den aktuellen Stand deines Artikels zu werfen. Diese Abbildung zeigt dir, wie der Text auf deiner Webseite aussieht und ermöglicht dir dadurch deiner Gestaltung den letzten Schliff zu geben. Erstelle nun für jedes Produkt einen individuellen Text, der dem Besucher wertvolle Informationen zur leichtern Kaufentscheidung gibt.

****8 Elemente für einen professionellen Beitrag**: Um anschließend aus einem gewöhnlichen Beitrag mit ausschließlich Textinhalt einen Erstklassigen zu erstellen, sind einige weitere Elemente sinnvoll. Arbeite dazu die folgende Checkliste durch und erzeuge damit Beiträge, die der Besucher gerne liest.

1. ansprechende Bilder: Bilder sagen mehr als 1000 Worte - so oder so ähnlich. In jedem Fall lockern einige Bilder den Text auf. Verwende pro Artikel *drei bis fünf* Bilder. Zeige direkt am Anfang des Textes das erste Bild von dem gesamten Produkt. Im weiteren Verlauf können Bilder von Detailaufnahmen oder Zubehörelementen folgen.

Als Anordnung empfehle ich die sogenannte Z-Form. Dabei befindet sich das erste Bild beispielsweise oben links, das nächste auf der rechten Seite, das darauf folgende Bild wieder auf der linken Seite und so weiter. Die umgekehrte Reihenfolge ist ebenfalls möglich. Wechsle also für eine Z-Anordnung einfach die Ausrichtung von Bild zu Bild. Das macht es dem Leser besonders leicht den Text zu konsumieren. Diese Technik eignet sich besonders gut für *kleine* Bilder. Hingegen können größere Bilder auch ohne Z-Anordnung in den Text eingefügt werden und die *gesamte* Breite des Textblocks ausfüllen.

Um nun gute Produktbilder zu nutzen, kannst du beispielsweise bei der Verwendung des Amazon-Partnerprogramms, die Bilder der Produktbeschreibungen in deine Text einbinden. Viele Produktseiten bieten Detail-Bilder, die du wunderbar in deinen Texten verwenden kannst. Setze dabei auf jedes eingebundene Bild einen Affiliate-Link zu dem Produkt. Wechsle dazu in die Eigenschaften des eingefügten Bildes und wähle unter „Link zur“ den Menüpunkt „Benutzerdefinierte URL“. Füge nun in das Eingabefeld den Affiliate-Link ein.

Bilder sind eine großartige Möglichkeit deine Text professionell zu gestalten. Verwende einige Bilder in jedem Text und mache es dem Besucher angenehmer den langen Text durchzulesen.

2. Multimedia mit Videos: Videos stellen eine wunderbare Ergänzung zu Bildern dar. Neben der zusätzlichen Steigerung des Vertrauens in deine Webseite, wird durch ein Video die Verweildauer rapide erhöht. Das wiederum führt zu einem besseren Ranking und mehr Besucher. YouTube liefert dir heutzutage ein riesiges Repertoire von Videos. Einige Hersteller haben hier bereits hochklassige Videos veröffentlicht. Aber auch diverse hilfreiche Videos einzelner Personen sind zu finden.

Ist zu dem jeweiligen Produkt ein Video verfügbar und genügt dieses halbwegs professionellen Ansprüchen, binde es nach etwa 2/3 des Textes in den Beitrag ein. Das ermöglicht zuerst einen Blick auf den Text bis der Leser schließlich gegen Ende des Artikels ein ergänzendes Video findet. Binde pro Beitrag ein Video in den Text ein und lockere diesen dadurch zusätzlich auf.

3. Tabellen und Info-Boxen: Als weiteres auflockerndes Element sind kleine Tabellen sinnvoll. Beschreibe damit beispielsweise kurz und bündig die wichtigsten Produktmerkmale. Füge eine professionelle Tabelle beispielsweise mit Hilfe von TablePress (siehe Plugin-Liste) in den Fließtext ein.

Weitere ebenfalls nützliche Elemente, um den Text übersichtlich zu gestalten, sind kleine Info-Boxen. Diese unterscheiden sich farblich von dem weißen Hintergrund und stechen dadurch sofort ins Auge.

Beschreibe hier die *wichtigsten* Merkmale, Auffälligkeiten oder Vorteile des Produktes in ein bis zwei Sätzen. Das Plugin Shortcode Ultimate bietet eine einfache Möglichkeit derartige Info-Boxen einzubauen. Suche in der Shortcode-Liste nach „Box“ und passe dieses Element an deine Bedürfnisse an. Verwende pro Beitrag ein bis drei solcher Info-Boxen. Variiere dabei jeweils die Farbgestaltung der Box. Verwende auch in anderen Beiträgen diese Boxelemente mit der gleichen Farbgestaltung und erzeuge damit einen Widererkennungswert über die gesamte Webseite hinweg.

4. Gliederung durch Überschriften: Als ebenfalls elementares Element eines guten Textes sind Überschriften zu nennen. Viele Menschen scannen den Text zuerst anhand der Teilüberschriften. Somit kommt den Überschriften eine erhebliche Bedeutung für einen guten Beitrag zu. Gliedere einen Text von 1000 Wörtern in mindestens vier und maximal acht Teilüberschriften.

5. Affiliate-Links: Neben einer ansprechenden Unterteilung und lockeren Gestaltung deines Textes sind die Affiliate-Links die wichtigsten Elemente, um mit deiner Webseite überhaupt Geld zu verdienen. Nur durch diese Links bekommst du eine Provision bei einem Produktkauf durch den Besucher. Aus diesem Grund kommt dem richtigen Einbau der Affiliate-Links in deinen Texten eine sehr hohe Bedeutung zu.

Bringe dazu in jedem Beitrag *drei* Affiliate-Links als Text-Link ein. Diese Anzahl stellt einen guten Kompromiss zwischen zu vielen und zu wenigen Links dar. Verteile die Affiliate-Links auf Anfang, Mitte und Ende des Textes. Im Idealfall beinhaltet der Link mehrere Wörter, um eine erhöhte Aufmerksamkeit zu bekommen, im Gegensatz zu kurzen Link-Texten wie „klicke hier“, „hier“ oder „weiter“. Das kann beispielsweise umgesetzt werden, indem du den Link in den kompletten Produktnamen, der im Text einige Male wiederholt wird, einfügst oder ganze bzw. halbe Sätze als Affiliate-Link verwendest.

6. interne und externe Links: Neben den Affiliate Links sind auch interne Webseiten-Links wichtig, jedoch nicht zwingend notwendig. Die Verlinkung erzeugt eine längere durchschnittliche Besuchszeit auf deiner Webseite und führt zu einer höheren Anzahl von Seitenaufrufen. Das wirkt sich positiv das Ranking aus. Zudem hat der Leser bei Unsicherheit in der abschließenden Kaufentscheidung noch weitere Alternativen zur Auswahl. Verlinke dazu in jedem Beitrag ein bis zwei weitere Beiträge, die passend sind und somit ebenfalls Interesse bei dem Leser hervorrufen.

Füge darüber hinaus auch einige wenige externe Links in den Text ein. Externe Links sind Links die auf andere themenrelevante Webseiten verweisen. Vermeide hierbei unbedingt das Verlinken der direkten Konkurrenten. Als gute und neutrale Verweismöglichkeit ist beispielsweise Wikipedia aufzuführen. Verlinke darüber hinaus Webseiten, die nur im Entferntesten das gleiche Thema behandeln. In unserem Fahrrad-Beispiel kannst du beispielsweise auf einen Reiseblog mit Fahrrädern oder Vereinsseiten verlinken. Eine derartige Webseite gilt nicht als direkter Konkurrenz, ist jedoch themenrelevant. Erzeuge einige wenige externe Links, ca. vier bis sechs pro Webseite, da Google diese Art des Teilens von Informationen positiv wertet.

7. Erstelle ein Fazit: Lasse als letzten Teilabschnitt jeden Beitrag mit einem Fazit enden. Viele eilige Besucher lesen sogar nur diese zusammenfassenden Worte und fällen anhand dieser Informationen ihre Entscheidung. Gestalte somit das Fazit möglichst positiv. Füge an dieser Stelle maximal eine Schwäche ein. Diese sollte jedoch zu vernachlässigen sein und das Gesamtbild des Produktes kaum trüben. Ein negatives Fazit führt fast immer dazu, dass der Leser das Produkt nicht kaufen wird, wodurch die ganze Vorarbeit umsonst wäre. Generell ausgedrückt: Halte den gesamten Text zu mehr als 95% positiv. Da du nur gute Produkte empfiehlst, stellt es kein großes Problem dar die Texte positiv zu verfassen. Weniger gute Produkte mit vielen Negativ-Punkten finden keinen Platz auf deiner Webseite, da diese wenig verkaufsfördernd sind und nicht weiterzuempfehlen sind.

8. Zusammenfassung: Die abschließende Zusammenfassung gehört an sich zum Fazit. Mit Hilfe eines Review Plugins wie WP Product Review oder durch die ggf. im Theme integrierte Bewertungsmöglichkeit wird damit eine noch kürze finale Zusammenfassung erstellt. Liste mit Stichpunkten kurz und knapp die Vor- und Nachteilen auf und füge ggf. eine Bewertung am unteren Ende des Beitrages ein. Diese kurze Zusammenfassung muss zudem unbedingt den Affiliate-Link enthalten, zusätzlich zu den bereits erwähnten drei Text-Links.

Mit Hilfe der 8 Elemente kannst du nun lockere und leicht zu konsumierende Texte erstellen, die das Grundgerüsts deines Erfolges darstellen. Dabei wird an dieser Stelle einen klarer Fokus auf den Verkauf deiner Affiliate-Produkte gelegt.

****Startseite - Das Aushängeschild deiner Nischenseite**: Neben den 10 bis 15 Affiliate-Texten benötigt deine Nischenseite eine Startseite, die der Benutzer als erstes sieht wenn deine Domain in den Browser eingegeben wird. Die Startseite ist das Aushängeschild deiner Webseite und soll so viel Text wie möglich enthalten. Veröffentliche hier allgemeine Informationen rund um dein Nischenthema. In dem Fahrrad-Beispiel wären das beispielsweise allgemeine Informationen zum Kauf eines Fahrrades. Welche namenhaften Hersteller sind auf den Markt, welche Technik kann verbaut sein und wodurch unterscheiden sich die Fahrräder auf deiner Nischenwebseite sind nur einige der Fragen die auf der Startseite beantwortet werden können. Auch für wen die Fahrräder geeignet sind und was der Besucher damit anstellen kann, also der Nutzen, sind wichtige Punkte, die sich gut auf der Startseite machen. Zudem kann hier beispielsweise erklärt werden, wie die 10 bis 15 Affiliate-Texte aufgebaut sind. Stelle dir für das Erzeugen der Startseite wieder deinen Besucher-Avatar vor und stimme dadurch den Text optimal ab. Ich empfehle mindestens 1200 Wörter zu schreiben. Das ist sowohl für eine gute Auffindbarkeit durch die Suchmaschine wichtig, als auch um den Leser direkt beim ersten Besuch nützliche Informationen zu liefern. Bringe auch die 8 Elemente in die Startseite ein.

****das richtige Einbringen deiner Keywords**: Ein äußerst wichtiger Aspekt für ein gutes Ranking, ist das Einbringen deiner zuvor recherchierten Keywords in die Texte. Füge dazu deine zwei bis drei wichtigsten Keywords in den Text auf der Startseite ein. Achte darauf, dass die Keywords maximal 0,5% der Gesamtwortanzahl des jeweiligen Textes ausmachen. Hast du beispielsweise einen 2000 Wörter langen Hauptartikel geschrieben, sollte jedes Keyword maximal 10 Mal im Text vorkommen. Verteile diese wichtigen Keywords gleichmäßig auf die Teilüberschriften. Füge zudem das bedeutendste Keyword in den Seitentitel ein.

Dieses Vorgehen wird nun auch auf die Affiliate-Texte übertragen. Bringe dabei in jedem Text ein bis zwei der restlichen Keywords unter. Verwende an dieser Stelle nur ein einzelnes Keyword pro Betrag. Hast du mehr Affiliate-Texte als Keywords, wiederhole in Texten ohne Keywords die jeweiligen Produktnamen stattdessen häufiger - gemäß der 0,5%-Regel. Dadurch wird in Texten ohne Keyword der Produktname zum Keyword.

Ausgenommen von der Regel pro Text nur ein Keyword zu verwenden, sind die zwei bis drei wichtigsten Keywords deiner Startseite. Bringe diese Keywords in ca. der Hälfte aller Texte ein. Verlinke zudem den Hauptartikel in jedem vierten Beitrag. Dadurch stärkst du das Ranking für deine wichtigen Hauptkeywords. Der Link-Text (auch Anchortext genannt) sollte in ca. 25% der Fälle ein Hauptkeyword selbst sein. Variiere für die restlichen 75% den Anchortext auf die Startseite, sodass du beispielsweise gewöhnliche Wörter wie „klicke hier“, „mehr dazu“ oder „weiter“ verwendest. Auch die vorhin erwähnten ein bis zwei Verlinkungen unter den Beiträgen sollen stets einen *wechselnden* Anchortext enthalten. Somit hat deine Webseite eine optimale Variation der internen Verlinkung, die sich positiv auf dein Ranking auswirkt.

Neben den text-dominierten Seiten gibt es noch eine weitere wichtige Unterseite, die deine „Verkaufszahlen“ deutlich nach oben schnellen lassen kann. Die Rede ist von einer Vergleichsseite. Diese ist bei den Besuchern äußerst beliebt, da sie hier die Möglichkeiten haben auf einen Blick die besten oder günstigsten Produkte herauszufiltern. Erstelle zu diesem Zweck eine große Tabelle mit *allen* Produkten deiner Affiliate-Beiträge. Die Tabelle kann beispielsweise folgende Inhaltselemente enthalten:

- **Produktkennzeichnung**: Produktname und Produktbild
- **Technische Informationen**: zwei bis vier Spalten der wichtigsten technischen Informationen der Produkte
- **Preis**: Verwende hier eine System mit ein bis vier Schritten beispielsweise in Form eines „€“-Zeichens, um die Übersichtlichkeit für den Besucher zu erhöhen. Suche dir dazu das günstigste und das teuerste Produkt heraus und lege vier Preisbereiche fest. Schlägt das günstige Produkt beispielsweise mit 40€ und der teuerste mit 150€ zu Buche,

so können die Preispunkte wie folgt eingeteilt werden: <60€ = €, 60€ bis 90€ = €€, 90€ bis 120€ = €€€ und >120€ = €€€€. Wähle eine sinnvolle Einteilung, sodass diese gleichmäßig über die Preisspanne verteilt wird.

- **Bewertung**: Besonders beliebt sind abschließende Bewertungen. Hast du selbst keine Bewertung in den Affiliate-Texten erstellt, empfiehlt es sich die Bewertung beispielsweise von Amazon zu übernehmen. Verwende dafür den Wert, der angezeigt wird wenn du mit der Maus über die „Sternebewertung" fährst. Alternativ zur Zahleneinteilung kann auch die Bewertung in Sterneform übernommen werden. Da du jedoch nur die besten Produkte auf deiner Nischenseite verwendest, wird die Bewertungsspalte in den meisten Fällen nur 4-, 4.5- oder 5-Sterne beinhalten. Aus diesem Grund bietet sich die feinere Zahlenunterteilung mit einer Nachkommastelle an. Das ist jedoch reine Geschmackssache.

Ordne diese Informationen in Spaltenform an. Das ermöglicht dir die Tabelle jederzeit nahezu endlos zu erweitern, indem neue Produkte als Zeile angehängt werden. Mit dem Plugin TablePress hat der Besucher dabei die Option die Informationen durch einen Klick auf den jeweiligen Spaltenkopf zu sortieren. Das ist in Bezug auf Übersichtlichkeit und Einfachheit ein großer Pluspunkt.

Füge zudem *über* der Tabelle eine Legende ein. Erkläre dem Besucher die Bedeutung jeder Spalte, insbesondere der Bewertungs- und Preisspalte. Um die Vergleichsseite in deine Nischenseite optimal einzupflegen, erzeuge diese als „Seite" im Backend. An welche Stelle die Seite eingefügt wird, erkläre ich dir im weiteren Verlauf des Buchs.

Eine Vergleichstabelle ist eine wunderbare Möglichkeit die wichtigen Produkteigenschaften dem Besucher übersichtlich zu präsentieren und darf auf keiner guten Affiliate-Nischenseite fehlen.

***ergänzende Inhalte erstellen**: Du weißt nun wie Affiliate-Texte zu erstellen sind, die gute Konversionsraten erzielen. Um deine Webseite besser als Expertenwebseite zu etablieren, sind ergänzende Informationen hervorragend geeignet.

Besonders gut funktionieren dabei DIY-Artikel. So gut wie jedes Nischenthema bietet hierfür einiges an Potential. In der Fahrrad-Nische könnte das beispielsweise durch ein Artikel über den optimalen Reifenwechsel oder den Bau einer eigenen LED-Lampe umgesetzt werden. Auch Tipps wie du dein Fahrrad absolut Diebstahlsicher machen kannst, sind geeignet. Dabei ist es sinnvoll einen extrem umfangreichen Beitrag zu verfassen. Schreibe in diesen Artikel so viel Text wie möglich und zeige, dass du ein wahrer Experte auf deinem Gebiet bist. Das wird deiner Nischenseite einen deutlichen Schub nach vorne geben.

Neben dem umfangreichen Artikel können zusätzlich einige kleinere Artikel mit hilfreichen Tipps zu dem Nischenthema ergänzend verfasst werden. Halte dabei allerdings die Affiliate-Texte in der Mehrzahl, da die zusätzlichen DIY- sowie Tipps-und-Tricks-Artikel kaum Geld einbringen. Sie steigern jedoch deinen Expertenstatus und führen damit zu mehr Verkaufsabschlüssen. Zusätzlich wird dein Ranking durch mehr spezialisierten Text positiv beeinflusst, was im Endeffekt zu mehr Besuchern führt. Verwende auch für die zusätzlichen Texte die 8 Elemente, um professionellere Texte zu erschaffen.

Da in derartige Texte allerdings keine oder nur wenige Produktbilder von Amazon verwendbar sind, jedoch Bilder im Allgemeinen äußerst wichtig bei der Gestaltung eines guten Artikel sind, empfehle ich dir entweder kostenlose oder kostenpflichtige Bilder in die DIY- und Tipps-Artikel einzubauen. Eine kostenlose Fotoquelle ist beispielsweise Pixelio[34]. Hier ist in der Regel etwas Recherche-Arbeit notwendig, um unter den vielen Bildern geeignete herauszufiltern. Hochwertigere Bilder sind hingegen bei kostenpflichtigen Anbieter wie Fotolia[35] zu finden. Gegen ein kleines Entgelt sind unzählige professionelle Fotos verwendbar. Dabei ist der Preis häufig gemäß der Auflösung gestaffelt. Meist reicht für einen Beitrag die niedrigste Auflösung aus, sodass der Preis pro Bild nur ca. 1€ beträgt. In meinen Nischenprojekten benötige ich selten mehr als fünf bis 10 eingekaufte Bilder, sodass die Kosten für ansprechende Bilder in der Regel weniger als 10€ betragen. Diese Ausgabe lohnt sich, da ein professionelles Bild meist mehr sagt als 1000 Worte. Egal ob du nun die kostenlosen oder kostenpflichten Bilder verwendet, in beiden Fällen ist unbedingt auf die ordnungsgemäße Angabe des Urheberrechts zu achten. Damit bietest du den Abmahnanwälten, gerade bei den beliebten Bildurheberrechten, keinerlei Angriffsfläche. Da sich die korrekte Angabe der Urheberrechte von Anbieter zu Anbieter variiert, gibt es hierfür kein allgemeingültiges Vorgehen. Schaue dir dazu einfach die AGB's oder FAQ's der Anbieter an und fahre dadurch auf der sicheren Seite.

****Menüstruktur**: Du nun weißt, was gute Inhalte für deine Nischenseite ausmachen. Nun gilt es diese Informationen möglichst

---

[34] http://www.pixelio.de/
[35] http://de.fotolia.com/

zweckdienlich und zielführend auf deiner Nischenseite zu präsentieren.

Zu diesem Zweck hast du die Rechtstexte bereits in das Untermenü bzw. Hauptmenü integriert. Füge nun deine Startseite als Element in das Hauptmenü ein. Zusätzlich ist die große Vergleichstabelle als Menüelement einzubauen. Darüber hinaus ist es sinnvoll die Affiliate-Texte unter einer Kategorie zu vereinen und daraufhin den Kategorienamen, wie beispielsweise „Fahrrad Test“, als Menüpunkt zu verwenden. Nach dem Klick auf diesen Menüpunkt erscheinen sämtliche Affiliate-Texte geordnet untereinander.

Hinweis: Um eine Kategorie zu erzeugen, gehe auf „Beiträge>Kategorie“ und gib deinen gewünschten Kategorie-Namen ein. Weise anschließend jedem Affiliate-Text diese Kategorie zu, indem du in den jeweiligen Beiträgen den Haken bei Kategorie setzt.

Das gleiche Vorgehen kannst du auf die ergänzenden Informationen übertragen, indem eine Kategorie „Wissenswertes“ oder „Tipps“ erstellt wird. Somit hat deine Nischenseite nun mindestens vier Hauptmenüpunkte, bzw. sechs falls kein Untermenü vorhanden ist und das Impressum sowie die Datenschutzerklärung eingebettet werden muss. Das Ziel ist, die Menüleiste über die Breite komplett mit Menüpunkten zu befüllen, sodass die Webseite einen fertigen Eindruck erweckt. Sollte dieses Ziel mit den vier Menüpunkten noch nicht erreicht sein, kannst du beispielsweise den Testsieger oder umfangreichen DIY-Artikel als eigenständigen Menüpunkt einfügen. Um das Menü anzupassen, kannst du zudem jeden Menüpunkt bei der Menüerstellung umbenennen. Somit ist dir möglich die jeweiligen Menüpunkte-Bezeichnungen zu kürzen oder erweitern, um die Menüleiste optimal an die Breite anzupassen.

Neben den einzelnen Elementen ist in dem Menü die Reihenfolge von entscheidender Bedeutung für den Erfolg. Die Besucher klicken auf das erste Element häufiger als auf das letzte (von links nach rechts betrachtet). Führe an erster Stelle deine Startseite. Anschließend empfehle ich die Vergleichstabelle und Affiliate-Text-Kategorie einzufügen. Die letzten Elemente sind demnach die wissenswerten Texte sowie ggf. das Impressum und die Datenschutzerklärung. Ordne die Menüpunkte der finanziellen Wichtigkeit nach und leite somit den Besucher ohne Umwege auf die wichtigsten Unterseiten.

****die Sidebar**: Als letztes gibt es noch ein wichtiges Element, das auf keiner guten Webseite fehlen darf: die Sidebar. Dieser Bereich beinhaltet einige Elemente, die dem Besucher wichtige Informationen schneller zugänglich macht. Die Sidebar wird häufig rechts oder links neben dem Inhalt angeordnet - je nach Geschmack. Die einzelnen Inhaltsblöcke in der Sidebar werden als Widgets bezeichnet. Mit Hilfe von Widgets können die unterschiedlichsten Informationen dargestellt werden. Eine kleine Vorschau der zuletzt erstellten Beiträge mit Bilder, Texten und Links sind ebenso denkbar wie das Einblenden eines Facebook-Widgets. Das folgende Bild zeigt, eine Demo des Splash-Themes mit Sidebar auf der rechten Seite.

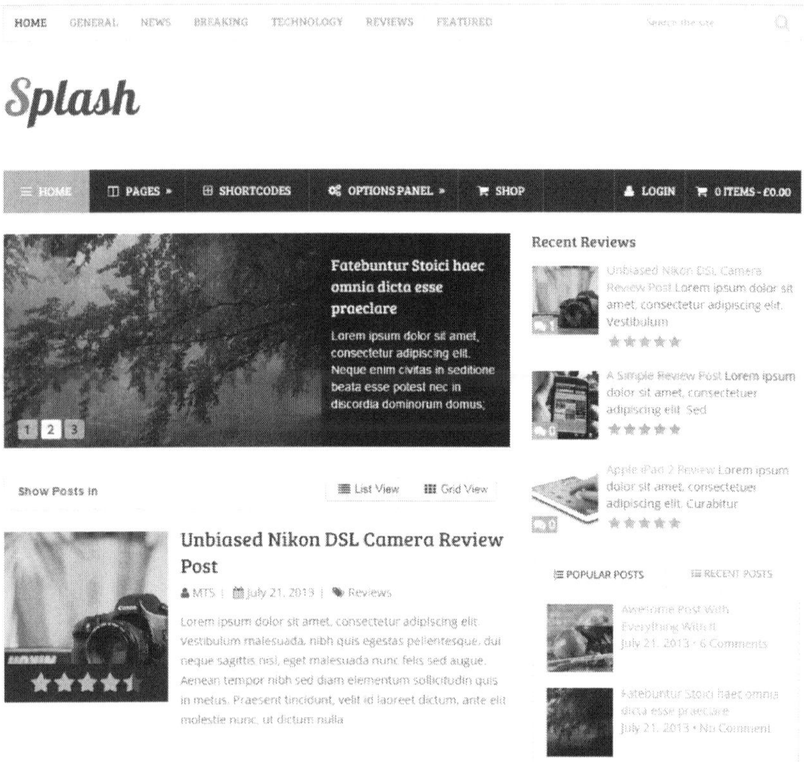

Das erste Widget zeigt die letzten Testberichte unter „Recent Reviews“ an. Direkt im Anschluss folgt ein Widget mit einem Registerreiter „Popular Posts“ und „Recent Posts“. Verwende auch für deine Sidebar die letzten Beiträge als Widget. Dabei können bei den meisten Widgets auch nur die Beiträge *einer* einzigen Kategorie angezeigt werden. Das hat den Vorteil, dass du als erstes die wichtigen Beiträge aus der Affiliate-Kategorie anzeigen kannst. Füge darunter die weniger wichtigen Tipps- sowie DIY-Beiträge als neues Widget ein.

Hat dein Theme keine standardmäßig integrierte Suchleiste, wie im Splash-Theme auf der rechten oberen Seite zu erkennen, empfehle ich zwischen den beiden Kategorie-Widgets ein Such-Widget zu integrieren. Das lockert die Sidebar etwas auf und liefert zusätzlich zu jederzeit eine einfache Möglichkeit die Webseite zu durchsuchen.

Hast du zudem eine äußerst umfangreiche DIY-Anleitung erstellt, verlinke diese ebenfalls in der Sidebar als separates Widget. Nimm dafür das aussagekräftigste Bild der Anleitung und integriere dieses als Bild-Link an die unterste Position der Sidebar.

Mehr als die vorgestellten zwei bis vier Widgets sind für eine gute Sidebar auf deiner Nischenseite nicht erforderlich. Es gibt da draußen noch unzählige weitere Widgets. Doch diese verwirren den Besucher eher als, dass sie ihn in eine bestimmte Richtungen lenken. Das Verwirrungs-Prinzip, das durch zu viele Wahlmöglichkeiten eintritt, nennt sich „Paralysis by Analysis". Zu viele Optionen führen zu keiner Entscheidung und damit am Ende zu keinem Kaufabschluss. Halte demnach den Aufbau sowie die Elemente in der Sidebar simpel und zweckdienlich. Führe dadurch den Besucher einfacher zu den wesentlichen, verkaufenden Informationen.

***einige Beispiele von etablierten Nischenseiten**: Die Theorie ist schön und gut, doch wie sieht das ganze nun in der Praxis aus? Schaue dir dazu die folgenden unterschiedlichen Beispiele in Ruhe an. Dabei hat jede Seite ihren eigenen Stil. Einige der Elemente, die in diesem Buch behandelt werden, wirst du auf den Nischenseiten schnell wiedererkennen:

- Apennyshaved[36]
- Kühlbox-Test[37]
- Barttrimmer Test[38]

---

[36] http://www.apennyshaved.com/
[37] http://www.kuehlbox-test.com/

- Bohrmaschinen Test[39]
- Solarpoolheizung[40]
- Werkzeugkoffer Test[41]

So unterschiedlich die Webseiten und Themen auch sind, genauso verschieden sind auch die jeweiligen Gewinne. Einige Betreiber dieser Webseite haben diese Zahlen auf ihren Blogs offen gelegt. Die Spanne reicht von 200€ bis über 2000€ pro Monat (Apennyshaved). Die Beispiele geben dir ein noch besseres Gefühl für den Aufbau und die Gestaltung deiner Nischenseite und können durchaus als Vorlage dienen. Halte dich jedoch unbedingt an das Gelernte, um entscheidende Fehler zu vermeiden. Auch ich habe in der Anfangsphase einiges von etablierten Nischenseiten abgeschaut und gelernt. Dabei wirst du nach einiger Zeit genug Know-How aufgebaut haben, um deinen eigenen Stil zu finden. Du weißt dann was bei dir sehr gut funktioniert. Dadurch ist es dir möglich das Maximum aus einem neuen Projekt herauszuholen.

Bei der Inhaltserstellung brauchst du keinesfalls Perfektionismus anstreben. Halte dich an die Vorgaben und baue damit eine profitable und nachhaltige Nischenseite auf.

---

[38] http://www.barttrimmer-tests.de/
[3939] http://www.bohrhammer-test.eu/
[40] http://www.poolheizung-solar.de/
[41] http://www.werkzeugkoffer-tests.de/

Ranking Boost – die vorderen Plätze schneller erklimmen

Der gesamte Bereich, der sich mit der Einrichtung, Inhaltserstellung, Gestaltung und Verlinkung sowie alles weitere zuvor Beschriebene beschäftigt, wird als On-Page-Arbeit bezeichnet. Du vermutest vielleicht schon, es gibt auch noch eine Off-Page-Seite. Hier drunter werden Maßnahmen verstanden, die von anderen, *externen* Webseiten deine eigene Nischenseite weiter voranbringen.

Die wesentliche Arbeit konzentriert sich dabei auf das Erstellen von *Backlinks*, also Links die von anderen Webseiten auf deine Webseite verweisen. Google wertet Backlinks als Empfehlung für deinen Inhalt. Mit anderen Worten: Dein Inhalt ist lesenswert und hilfreich für den Besucher. Welche Folge haben nun gute Empfehlungen für deine Webseite? Im Wesentlichen wird bei *guten* verweisenden Webseiten das Ranking deiner Nischenseite gesteigert. Dadurch wird deine Nischenseite in kürzerer Zeit weiter in den Rankings steigen und zudem stabiler dort verweilen.

Aus diesem Grund sind gute Backlinks heiß begehrt. Einige hochwertige Backlinks können deine Webseiten in wenigen Wochen auf die vorderen Plätze katapultieren. Als „gut“ gelten Backlinks von autoritären bzw. etablierten Webseiten, denen Google selbst *großes Vertrauen* ausstellt. Du willst also demnach, dass Webseiten mit viel wertvollem Inhalt auf deine Nischenseite verlinken. Ein derartiger Backlink kann extrem viel Wert sein.

Hingegen haben die schwachen Backlinks an Bedeutung verloren und bringen kaum merklichen Fortschritt in den Rankings. Im ungünstigen Fall unzähliger Spam-Links, haben schwache Backlinks sogar negative Effekte auf das Ranking deiner Webseite. Das kann sogar so weit gehen, dass deine Webseite bei ein riesigen Masse von Spam-Links aus den Google-Index geschmissen wird. In diesem Fall wird deine Webseite nicht mehr über die Google-Suche auffindbar sein. Das stellt somit den Super-Gau dar. Vermeide in jedem Fall *viele* Spam-Backlinks.

Auch wenn du ohne (hochwertige) Backlinks gut ranken kannst, so wird dies zumindest schwieriger sein und mehr Zeit beanspruchen. Aus diesem Grund können gute Backlinks deinem Ranking einen starken Boost geben, der schneller zu mehr Besuchern führt. Deine ersten größeren Einnahmen können dadurch in kürzerer Zeit erzielt werden. Ohne Frage ist für das Erhalten von guten Backlinks einiges an Arbeit erforderlich, sodass diese Techniken nur für die Eiligen unter uns geeignet sind.

Ich scheue die Arbeit nicht, doch wie komme ich an die wertvollen Backlinks?

1. guter Inhalt: An oberster Stelle steht die Erstellung von hochwertigem Inhalt. Du fragst dich an dieser Stelle vielleicht warum gerade das gute Backlinks erzeugen soll. Das liegt daran, dass guter Inhalt gerne von anderen Webseitenbetreiber verlinkt wird. Man sagt: guter Inhalt verlinkt sich von alleine. Doch dafür muss deine Webseite erst einmal nach oben in der Suchmaschine gelangen, um überhaupt von anderen Webseitenbetreibern wahrgenommen zu werden - das typische Henne-Ei-Problem. Zudem kann es auch vorkommen, dass deine Nischenseite, trotz guten Inhalts und aller Bemühungen, kaum oder gar nicht von externen Webseiten verlinkt wird. In jedem Fall hast du durch deine Tipps und DIY-Beiträge eine wunderbare Grundlage geschaffen, um auch ohne viel Mühe gute Backlinks zu erhalten. Hier ist allerdings etwas Geduld gefragt, da allein ein guter Inhalt in der Regel nur langsam gute Backlinks nach sich zieht. Für die Eiligen sind daher die nächsten beiden Möglichkeiten eine zusätzliche Option.

2. Backlinkseinkauf: Wie eigentlich alles heutzutage können auch qualitativ hochwertige Backlinks einkauft werden, z.B. über Backlinkseller[42]. Hierfür einigst du dich mit dem Betreiber der externen Webseite auf die Konditionen und Bedingungen. Doch das Vorgehen hat natürlich seinen Preis und kommt daher für die meisten Anfänger nicht in Frage.

3. Gastbeiträge: Eine bessere Möglichkeit an gute Backlinks zu gelangen, ist das Schreiben von Gastbeiträgen auf themenrelevanten Webseiten. Frage dazu freundlich bei einem anderen Webseitenbetreiber nach einem Gastbeitrag an.

Wichtig ist bei der Auswahl von idealen externen Webseiten, dass dort artverwandte Themen behandelt werden. Google lässt neben der Qualität auch die Themenrelevanz des Backlinks in die Bewertung für deine Nischenseite einfließen. Es macht beispielsweise mehr Sinn einen Backlink von einer Hundeschule zu erhalten, wenn du eine Nischenseite über Hundezubehör betreibst, als von einem Blog über Ostasien-Reisen.

Um nun themenrelevante Webseiten zu finden, durchsuche die ersten 50 Positionen der Google-Suche jeweils zu deinen ein bis drei Hauptkeywords. Hier wirst du die verschiedensten Webseitentypen finden. Für sind dich sind hauptsächlich Blogs oder andere informierende Webseiten interessant, auf denen regelmäßig neuer Inhalt veröffentlicht wird.

---

[42] http://www.backlinkseller.de/

Dabei gehst du wie folgt vor. Kontaktiere den jeweiligen Betreiber durch das Kontaktformular. Hat dieser kein Formular angelegt, wechsle ins Impressum und schreibe eine E-Mail an die dort geführte Adresse. In dem Anschreiben stellst du dich kurz vor und fragst anschließend nach einem Gastbeitrag (auch gegenseitig). Du schlägst vor, dass dies beispielsweise in Form eines informativen Artikels oder Interviews geschehen kann. Zudem erklärst du auch, dass der Betreiber natürlich jederzeit das letzte Wort bei dem Inhalt hat. Hinterlasse zudem deine Telefonnummer und erzeuge damit zusätzliches Vertrauen. Aller Wahrscheinlichkeit nach wirst du einige Absagen erhalten, sodass du Geduld benötigst. Doch die Arbeit lohnt sich für deine Nischenseite, schon wenn du nur zwei bis drei gute Backlinks durch Gastbeiträge erhältst.

Das Veröffentlichen von Gastbeiträgen auf autoritären Webseiten ist eine großartige Möglichkeit an hochwertige Backlinks zu gelangen. Dein Ranking wird sich selbst durch wenige dieser Backlinks in kurzer Zeit deutlich verbessern.

Diese drei Methoden sind aus meiner Sicht die einzigen sinnvollen und langfristigen Möglichkeiten, um an gute Backlinks zu gelangen. Setzte dabei die meiste Energie auf Punkt 1 und konzentriere dich demnach auf hochwertige Inhalte. Punkt 2 und 3 ähneln sich stark, wobei du bei Punkt 2 etwas Geld in die Hand nehmen musst. Aus diesem Grund nutze für die erste Nischenseite für den Anfang besser Punkt 3 und halte somit die Kosten so gering wie möglich.

***schwächere Backlinks zum Schnellstart**: Neben den qualitativ hochwertigen Backlinks, die deine Webseite in der Suchmaschine schnell steigen lassen, ist es sinnvoll einige minderwertige Backlinks zu erhalten. Der Vorteil von *weinigen* schwachen Backlinks ist, dass deine Webseite schneller indexiert wird und somit schneller in den

Google-Index aufgenommen wird. Die ersten Besucher gelangen schließlich rascher durch die Links in der Google-Suche auf deine Nischenseite. Setze demnach auch wenige schwache Backlinks (ca. 10 bis 20), um in weniger Zeit die ersten Resultate zu erhalten. Diese können wie folgt erlangt werden:

1. **Blogbeiträge**: Die schwachen Backlinks werden in aller Regel manuell gesetzt. Dafür eignet sich beispielsweise das Hinterlassen eines Kommentars in *themenrelevanten* Beiträgen anderer Webseiten. Hierfür gibst du in das Webseiten-Feld der Kommentarfunktion die Adresse deiner Nischenseite ein und schreibst einige sinnvolle Sätze zu dem Artikel.

2. **Forum**: Melde dich zudem in themenrelevanten Foren an und beantworte dort einige Fragen. In manchen Foren kannst du eine Signatur anlegen, in der deine Webseite einfügt wird. Damit ist ein Backlink bereits mit dem ersten Forenbeitrag erstellt. Lasse in den anderen Foren ohne Signatur einen Link zu deiner Nischenseite erst nach ca. fünf bis 10 Beiträgen in die Antwort mit einfließen. Das verhindert in den meisten Fällen ein sofortiges Sperren deines Foren-Accounts.

3. **Web-/Artikel-/Presseverzeichnis**: Als letzte Möglichkeit ist das Setzen von Backlinks in den Web-, Artikel- oder Presseverzeichnissen zu nennen. Google dazu beispielsweise nach „Webverzeichnis kostenlos“ und füge deine Nischenseite den Verzeichnissen hinzu.

Schnellstart: Schritt 3 kurz und bündig

1. Besucher-Avatar: Erstelle einen Besucher-Avatar des durchschnittlichen Besuchers.

2. Server: Besorge dir einen günstigen Server für deine Webseite.

3. Domain: Lege eine Exact-Match-Domain oder Brand-Domain.

4. Theme: Wähle ein Theme das zu deinem Benutzer-Avatar passt.

5. Installation: Installiere Wordpress auf deiner Domain.

6. Logo: Lasse ein professionelles Logo erstellen.

7. Plugins: Füge wichtige Zusatzfunktionen zu deiner Nischenseite hinzu.

8. Inhalt 1 – Rechtstexte: Füge ein Impressum und die Datenschutzerklärung hinzu.

9. Inhalt 2 – Affiliate-Texte: Erstelle mindestens 10 bis 15 Affiliate-Beiträge. Füge dabei die 8 Elemente ein.

10. Inhalt 3 – ergänzende Inhalte: Erstelle einen großen und/oder mehrere kleinere Beiträge mit DIY-Anleitungen, Tipps/Tricks oder Wissenswertes (ca. 1/3 des Gesamtinhalts). Verwende auch hier die 8 Elemente.

11. Hauptmenü: Lege ein zielführendes Hauptmenü an.

12. Sidebar: Erzeuge eine Sidebar mit den letzten Beiträgen als Widgets. Teile dabei die Affiliate-Beiträge und die ergänzenden Inhalte in zwei Widgets auf.

13. optionale Backlinks: Erstelle starke und schwache Backlinks.

BONUS 1 - Productivity Boost

Du kennst vielleicht bereits eine der Hauptschwierigkeiten selbstständiger Arbeit. Ohne Antrieb und Druck von außen, ist man sich selbst überlassen. Es ist eine hohe Kunst sich stets zu konzentriertem Arbeiten zu motivieren. Gerade bei den ersten Erfolgen neigen viele dazu sich auf dem Erreichten erst einmal auszuruhen. Das wir uns nicht falsch verstehen. Ohne Zweifel sind Pausenphasen alles andere als nutzlos, ganz im Gegenteil. Hin und wieder ist eine Ruhephase unbedingt nötig um wieder Energie zu tanken und bereit für neue spannende Aufgaben zu sein. Doch gerade durch das passive Einkommen kann es schnell zu einer längeren Pause kommen. Ehe man sich versieht, steckt man in einem Inaktivitätsstrudel fest, aus dem es nur schwer wieder herausgeht.

Also wie erreichst du nun deine Ziele, ohne dich auf den ersten Erfolgen zu lange auszuruhen?

Eine der wichtigsten Eigenschaften um als Selbstständiger erfolgreich zu sein, ist eine fortwährende Eigenmotivation - auch an schlechten Tagen. Diese gepaart mit einer unbändigen Arbeitsbereitschaft macht am Ende den Unterschied zu wahrem Erfolg oder Misserfolg aus. Der Vorteil, dass dir niemand Befehle und Vorschriften machen kann, ist zugleich auch eine riesige Herausforderung an dich und deine Arbeitsweise.

Das Thema ist sicherlich äußerst komplex und beschäftigt über kurz oder lang so gut wie jeden Selbstständigen. An dieser Stelle würde es den Rahmen des Buches um ein Vielfaches sprengen, dir zu zeigen, wie du dich stets selbst motivieren kannst. Ich kann dir dazu als Schnell-Tipp raten deine Ziele vom Leben im Allgemeinen zu analysieren und immer wieder ins Gedächtnis rufen. Anhand dieser größeren Ziele schöpfst du schließlich Motivation für die nächsten Taten, ohne dich zu sehr im Kleinen zu verrennen.

Um nun an jedem Arbeitstag ein ausreichendes Maß an Effektivität zu erreichen, gibt es eine hervorragende Arbeitstechnik, die bei mir wunderbar funktioniert. Mit Hilfe der sogenannten Pomodoro-Technik ist ein konzentriertes Arbeiten auch über längere Zeit möglich. Große Erschöpfungszustände, wie sie nach mehreren Stunden forcierten Arbeitens normalerweise auftreten, bleiben damit fast immer aus.

Dabei teilt die Pomodoro-Technik das Arbeitspensum in kleinere Einheiten ein. So ähnlich sind wir es beispielsweise aus der Schulzeit gewohnt. Als Basiszeiteinheit werden nun jedoch 30 Minuten veranschlagt (=Zyklus). Davon arbeitest du 25 Minuten hochkonzentriert. Anschließend legst du eine 5 Minuten Pause ein. Alle drei bis vier Zyklen (=Makrozyklus) wird eine größere Pause eingelegt. In dieser Zeit kannst du beispielsweise Mittag essen, spazieren gehen oder Sport machen. Wichtig ist in der Pause, dass du dich ausreichend bewegst, wieder Energie auftankst und unbedingt abschaltest. Denke nicht eine Sekunde über neue Ideen oder vor dir liegende Aufgaben nach. Das ist wichtig um die Pause wirklich Pause sein zu lassen und anschließend mit voller mentaler Energie weiter arbeiten zu können.

Ein Arbeitsalltag mit Hilfe der Pomodoro-Technik kann wie folgt aussehen:

- Frühstück
- Bewegung: Workout, Spaziergang
- Makrozyklus 1: Zyklus 1, Zyklus 2, Zyklus 3, Zyklus 4
- 30 Minuten Pause: Spaziergang oder andere Bewegung
- Makrozyklus 2: Zyklus 5, Zyklus 6, Zyklus 7
- Mittagspause (60 Minuten)
- Makrozyklus 3: Zyklus 8, Zyklus 9, Zyklus 10
- 60 Minuten Pause
- **Entspanntes Arbeiten**: Abarbeiten wenig fordernder, aber notwendiger Aufgaben (ca. 2 bis 4 Stunden). Lege auch hier ab und an eine kurze Verschnaufpause ein, beispielsweise jede Stunde für 5 Minuten.
- Abendessen, Entspannung, Abschalten und viel Bewegung bzw. Sport

Da jeder Mensch anders ist, wirst du mit etwas Erfahrung die Zyklenanzahl an deine individuellen Bedürfnisse anpassen. Wichtig ist nur, dass während der Arbeitszeit alle ablenkenden Vorgänge vermieden werden. Insbesondere in der heutigen Zeit von schnellem Informationszugang, beispielsweise durch Smartphones und dergleichen, ist ein ablenkungsfreies Arbeiten enorm wichtig für deine Produktivität.

Aktiviere dafür während der Arbeitszeit den Offline-Modus deines Smartphones und öffne auf dem Arbeits-PC nur die notwendigen Programme und Internetseiten. Stelle sicher, dass du dich zu 100%

auf deine vorliegenden Aufgaben konzentrieren kannst – ohne Ablenkungen.

Zur einfachen Handhabung der Pomodoro-Technik verwende ich die ClearFocus App[43]. Nach dem Start erinnert dich die App an das Ende des Zyklus und fragt, ob jetzt deine 5-Minuten-Pause starten soll. Dabei bringe ich stets erst meine derzeitige Handlung zu Ende, bevor ich die kurze Pause starte. Achte darauf, dass du nicht mehr als drei Minuten überziehst, um die Arbeitszeit des Zyklus im Rahmen zu halten. Lege in die Pomodoro-Zeiten schwierige Aufgaben, wie beispielsweise das Verfassen von Texten oder das Aufarbeiten und Einpflegen der Texte in die Webseite – je nachdem, welche Arbeit für dich besonders schwierig ist. Führe In dieser Zeit nur Arbeiten aus, die einen Großteil deines Gewinnes erzielen werden.

Das *entspannte Arbeiten* nimmt dabei eine Sonderstellung ein. Die Arbeitstageinteilung mittels Pomodoro-Technik und entspannten Arbeiten hat sich für mich als guter Balanceakt herausgestellt, nach langer Zeit in der Selbständigkeit und unzähligen gescheiterten Versuchen eine gute Produktivität zu erzielen. Diese Aufteilung ist notwendig, da du auf Dauer kaum Tag für Tag hochkonzentriert arbeiten kannst. Ein Wechsel von den wichtigen Aufgaben mit hochkonzentrierter Arbeitsweise zu den leichteren, aber notwendigen, Aufgaben ist deswegen sinnvoll, da auch die weniger anspruchsvollen Aufgaben erledigt werden müssen. Beantworte hier beispielsweise wichtige Emails, schaffe Ordnung oder erledige weitere Recherchearbeiten – je nachdem was für dich als einfach gilt.

---

[43] https://play.google.com/store/apps/details?id=personal.andreabasso.clearfocus

Doch auch hier gilt, dass du über kurz oder lang deinen eigenen Weg finden musst. Was bei mir gut funktioniert, muss bei dir noch lange nicht im gleichen Maße gut funktionieren. Möglicherweise ist es für dich viel besser den ganzen Tag mittels der Pomodoro-Technik zu arbeiten, auch bei leichteren Aufgaben. Vielleicht hast du auch eine ganz andere Arbeitsweise, die bei dir viel besser funktioniert. Am Ende geht es nur darum deine Ziele zu erreichen, mit welchen Mitteln auch immer.

Das Anwenden der Pomodoro-Technik gepaart mit dem entspannten Arbeiten kann dir dabei helfen deine Produktivität auf einem konstant hohem Level zu halten. Nutze die Techniken oder auch andere Techniken um deine Aufgaben zu erledigen und den Zielen mit jedem Tag ein Stück näher zu kommen.

BONUS 2 - Business Boost

Hast du bereits einige Nischenprojekte erfolgreich fertiggestellt, kann das Outsourcing eine großartige Möglichkeit sein, deinem Business auf die nächste Ebene zu verhelfen. Der Grundgedanke ist Aufgaben auszulagern, die sowohl *einfach* als auch *zeitintensiv* sind. Dadurch sparst du Zeit, die du wiederum in neue Projekte investieren kannst. Da hier Geld in die Hand genommen werden muss, sinkt der relative Gewinn etwas. Der absolute Gewinn sollte jedoch deutlich ansteigen, da mehr Projekte abgearbeitet werden können.

***Die wichtigste Regel beim Outsourcen**: Über den Erfolg entscheiden am Ende viele Faktoren. Doch die wichtigste Regel beim Auslagern ist ohne Zweifel eine *klare Beschreibung* der zu erledigenden Aufgaben. Dadurch werden Missverständnisse vermieden und du weißt genau, was du erwarten kannst. Baue zuerst so viel Erfahrung auf wie möglich auf, um eine klare Aufgabenbeschreibung erstellen zu können. Beschreibe dadurch jede ausgelagerte Aufgabe so *detailliert* wie möglich. Ein großartiger Erfolg wird dir Gewiss sein.

***lohnende Aufgaben zum Outsourcen:** Welche Aufgaben lohnen sich auszulagern? Prinzipiell all jene Aufgaben, die weniger Kosten verursachen, als bei selbstständiger Abarbeitung. Das sind in der Regel *einfache* Aufgaben, die auch ohne großartige Einarbeitungszeit von anderen Menschen erledigt werden können.

Du bist bereits in Berührung mit dem Auslagern gekommen, als ich dir empfohlen habe, das Logo extern erstellen zu lassen. Neben den Design-Aspekten gibt es noch einige weitere Aufgaben, die sich bei der Erstellung von Nischenseiten wunderbar auslagern lassen:

1. Backlinks: An erster Stelle steht der aufwändige Backlink-Aufbau. Dabei kannst du die schwachen Backlinks beispielsweise mit einem Gig auf Fiverr erzeugen lassen. Mit wenig finanziellem Einsatz sparst du damit einige Stunden Arbeitszeit.

Der Aufbau hochwertiger Backlinks ist hingegen aufwändiger, sodass Fiverr hierfür nicht in Frage kommt. Geeignet sind dafür spezielle SEO-Agenturen oder Freelancer. Die Kosten sind allerdings um einiges höher als bei den üblichen Fiverr-Gigs. Somit lohnt sich eine derartige Auslagerung nur für größere Projekte, in denen beispielsweise 500€ und mehr Gewinn pro Monat das Ziel sind. Die Schwierigkeit in dem Outsourcen hochwertiger Backlinks besteht darin einen guten und zugleich günstigen Partner zu finden. Ist dieser erst einmal gefunden, können neue Projekte deutlich schneller zum Erfolg geführt werden. Ich empfehle diese Art der Auslagerung erst ab sechs Nischenseiten, um die Aufgaben so detailliert wie möglich beschreiben zu können, gemäß der goldenen Outsourcing-Regel.

2. Inhaltserstellung: Neben der Recherchearbeit verschlingt zweifelsohne die Erstellung des Inhalts einen erheblichen Zeitanteil. Diese häufig ungeliebte Arbeit stellt dabei das Kernelement der

Nischenseite dar und ist somit von immenser Wichtigkeit für den Erfolg. Doch auch diese Arbeit kann zum Teil oder gar komplett ausgelagert werden.

Strategisch wichtige Texte sollten ausschließlich von dir erstellt werden. Ich schreibe beispielsweise die Startseite auch heute noch selbst und erzeuge zudem auch die Vergleichstabelle noch von eigener Hand. Alle anderen Texte lagere ich mittlerweile in aller Regel aus.

Als Portal für das Texten ist Content[44] zu empfehlen. Hier sind die unterschiedlichsten Autoren zu den verschiedensten Themengebieten aufzufinden. Diese variieren natürlich in Preisen und Qualitätsstufen. Hast du erst einmal gute Autoren gefunden, lohnt es sich diese in deinen Kontaktdaten abzuspeichern und häufiger zu konsultieren.

Besser als die Auslagerung an einen anonymen Dienstleister wie Content ist es einen Freund oder Bekannten zu finden, der bereit ist derartige Aufgaben gegen ein gutes Entgelt zu übernehmen. Die engere persönlichere Bindung bringt in aller Regel bessere Resultate hervor. Vielleicht gibt es auch in deinem Bekanntenkreis die eine oder andere Person mit guten Schreibkenntnissen, die für eine längerfristige Zusammenarbeit in Frage kommen kann.

Darüber hinaus können viele weitere Tätigkeiten wie die Überwachung, Pflege, Bildersuche oder gar Recherchearbeit ausgelagert werden. Ich empfehle dir jedoch nur Aufgaben ohne strategischen Wert auszulagern. Die Gefahr von Nachahmern in den eigenen Reihen wird dadurch minimiert. Mit etwas Erfahrung wirst du entscheiden können, welche Aufgaben von strategischer

[44] http://www.content.de

Bedeutung für dein Business sind und welche jederzeit extern erledigt werden können.

Für den Anfang empfehle ich dir den gesamten Prozess der Erstellung einer Nischenwebseite unbedingt komplett selbst durchzuführen. Das ermöglicht dir das Sammeln eigener wertvoller Erfahrungen in den verschiedensten Teilbereichen der Nischenseitenerstellung. Nach der Umsetzung einiger erfolgreicher Projekte kann dann die Auslagerung strategischer wertloser Aufgaben sinnvoll sein, um Zeit zu sparen und somit mehr Projekte in der gleichen Zeit abzuarbeiten. Diese Zeit kann auch in Freizeit umgemünzt werden, je nach deinen Zielen. Outsourcing ist eine erstklassige Möglichkeit mehr Dinge in kürzerer Zeit zu erledigen und deinem Business zu einem großen Boost zu verhelfen.

Unbegrenzte Möglichkeiten im Hier und Jetzt

Mit Hilfe des Buchs bist du nun in der Lage ein nahezu passives Einkommen zu aufzubauen. Dabei ist mit wenig finanziellem Einsatz das Erzielen eines anständigen Verdienstes möglich. Doch damit nicht genug. Für all jene mit großer Entschlossenheit, Disziplin und Mut winkt sogar die vollständige finanzielle Unabhängigkeit. Für diesen Prozess gilt es einen harten und mühevollen Weg zu beschreiten. Ich kann dir nur empfehlen diesen Weg einzuschlagen und stets an dich selbst und deine Fähigkeiten zu glauben – es lohnt sich.

Durch das Buch hast du viele wichtige Techniken erlernt, die dir den Aufbau eines nachhaltigen Online Business ermöglichen. Dabei hast du sowohl fundamentale Zusammenhänge erlernt als auch viele praxisnahe Tipps, Tricks und Methoden kennengelernt.

Da es eines der wichtigsten Merkmale erfolgreicher Menschen ist, niemals mit dem Lernen aufzuhören, empfehle ich stets neue Techniken zu erlernen und weiterhin Know-How aufzubauen. Durch Eigeninitiative und selbstgemachte Erfahrungen wirst du dich weiterentwickeln und neue Wege finden, die dein Business zu noch mehr Kraft verhelfen.

Hast du Unklarheiten beim Verständnis des Buches oder weitere Fragen zum Online Business, kannst du mich jederzeit gerne kontaktieren unter: Patrick@working-smart.de. Ich probiere trotz vollem Terminkalender jede Email schnellstmöglich zu beantworten. Keine falsche Scheu!

Ich wünsche dir in deiner Karriere als smarter Online Entrepreneur alles nur erdenklich Gute. Am Ende wartet nicht nur ein guter Gewinn, sondern vor allem ein freies und selbstbestimmtes Leben. Verlange stets mehr von dir als du bereits gegeben hast und ein außergewöhnlicher Erfolg wird dir sicher sein. Getreu dem Motto: Wenn man nicht das Unmögliche verlangt, kann man nicht das Mögliche erreichen.

In diesem Sinne viel Erfolg und vor allem Spaß bei deiner neuen Karriere als smarter Online Entrepreneur.

Danke schön!

An dieser Stelle ein großes Dankeschön an dich für das Lesen dieses Buchs.

Ich weiß, dass es viele Bücher und Ebooks über das Geldverdienen im Internet da draußen gibt. Du hast allerdings meinem Buch eine Chance gegeben.

Dafür ein großes Dankeschön. Wenn dir gefallen hat, was du gelesen hast, dann brauche ich deine Unterstützung! Bitte nimm dir einen kurzen Moment für eine Bewertung auf Amazon.

Dieses Feedback wird mir helfen weiter zu schreiben und neue hilfreiche Bücher zu veröffentlichen.

Wenn es dir gefallen hat, lasse es mich bitte wissen :-)

Grundlegende Begriffe

Die wichtigsten Begriffe zum Verständnis kurz und knapp erläutert.

Backend: Die Administrationsumgebung der Webseite. Hier werden wichtige Einstellungen vorgenommen und Inhalte eingepflegt sowie veröffentlicht.

Backlink: Ein Link von einer externen Webseite, der auf deine Webseite verweist. Dieser sollte idealerweise von einer themenrelevanten Webseite stammen, um mehr Aussagekraft und damit eine höhere Wertigkeit zu erhalten.

Click-Through-Rate: Die Anzahl der Klicks zu der theoretisch maximalen Anzahl an Klicks bzw. Impressionen für ein Keyword. Somit sind 100% das Maximum. Auf Position 1 in der Suchmaschine sind beispielsweise in der Regel 50% und mehr möglich.

Impressionen: Gesamtsuchanfragen zu einem Keyword. Nur ein kleinerer Anteil wird von den Suchenden auf den Webseiten-Link in der Google-Suche klicken. Hängt zu einem erheblichen Anteil von dem Ranking ab.

Impressionen: Die maximale Anzahl an Klicks bzw. Suchanfragen für das jeweilige Keyword.

Hosting: Durch einen Hosting-Anbieter erhältst du einen Server, der es deinen Besuchern ermöglicht zu jederzeit deine Webseite besuchen zu können.

Keyword/Suchbegriff: Wortlaut, der in die Suchmaschine eingegeben wird und zur entsprechenden themenrelevanten Auffindung deiner Webseite führt. Dabei kann das Keyword durchaus auch aus mehreren Wörter bestehen wie beispielsweise „Der beste Zoo in meiner Nähe".

Konversationsrate: Anteil der Besucher, die tatsächlich eine Provision bringen.

Meta Description: Beschreibender Text zu der Seite bzw. dem Beitrag, der in der Google-Suche oder vielen anderen Suchmaschinen unter dem eigentlichen Link angezeigt wird. Der Text darf in etwa 160 Zeichen lang sein. Ziel ist es einen möglichst anziehenden Text zu verfassen, sodass der Nutzer gewillt ist zu klicken.

Ranking: Positionierung der Webseite in der Google-Suche im Vergleich zu den Konkurrenten. Von einem Keyword-Ranking wird gesprochen, wenn nur das Ranking für ein einzelnes Keyword betrachtet wird.

SEO: Suchmaschinenoptimierung (Search Engine Optimization) – Maßnahmen zur Steigerung der Webseitenposition in der Suchmaschine zu dem jeweiligen Keywords mit dem Ziel mehr Traffic zu erhalten.

Theme: Ein Theme ermöglicht die durchgehende optisch einheitliche Gestaltung deiner Webseite.

Traffic: Der Anzahl von Besuchern die auf deine Seite gelangen. Je höher der Wert, je mehr potentielle Einnahmen sind in alle Regel möglich.

13006902R00083

Printed in Poland
by Amazon Fulfillment
Poland Sp. z o.o., Wrocław